DE L'ACTION COMMUNI DIVIDUNDO

Digeste, l. X, t. III.

DES PROPRES DES ÉPOUX

SOUS LA COMMUNAUTÉ LÉGALE

Au point de vue de leurs causes d'acquisition

THÈSE POUR LE DOCTORAT

SOUTENUE

Le mercredi, 20 décembre 1865, à 2 heures

PAR

Auguste RIBÉREAU, Avocat,

Né à Libourne (Gironde)

Lauréat de la Faculté (concours de Doctorat, 1864)
Lauréat de l'Académie de Législation (concours entre les Facultés de l'Empire
1865).

TOULOUSE
IMPRIMERIE TROYES OUVRIERS RÉUNIS
RUE SAINT-PANTALÉON, 3.
1865.

DE L'ACTION COMMUNI DIVIDUNDO

(Digeste, l. X, t. III).

DES PROPRES DES ÉPOUX

SOUS LA COMMUNAUTÉ LÉGALE

Au point de vue de leurs causes d'acquisition.

THÈSE POUR LE DOCTORAT

SOUTENUE

Le samedi, 23 décembre 1865, à 2 heures

PAR

Auguste RIBÉREAU, Avocat,

Né à Libourne (Gironde).

Lauréat de la Faculté (concours de Doctorat, 1864)
Lauréat de l'Académie de Législation (concours entre les Facultés de l'Empire
1865).

TOULOUSE
IMPRIMERIE TROYES OUVRIERS RÉUNIS
RUE SAINT-PANTALÉON, 3.
1865.

FACULTÉ DE DROIT DE TOULOUSE.

MM. CHAUVEAU ✳, Doyen, professeur de Droit Administratif.
DELPECH ✳, Doyen honoraire, professeur de Code Napoléon, en congé.
RODIÈRE ✳, professeur de Procédure civile.
DUFOUR ✳, professeur de Droit Commercial.
MOLINIER ✳, professeur de Droit Criminel.
BRESSOLLES, professeur de Code Napoléon.
MASSOL ✳, professeur de Droit Romain.
GINOULHIAC, professeur de Droit Français, étudié dans ses origines féodales et coutumières.
HUC, professeur de Code Napoléon.
HUMBERT, professeur de Droit Romain.
ROZY, agrégé, chargé du cours d'Economie politique.
POUBELLE, agrégé, chargé d'un cours de Code Napoléon.

M. DARRENOUGUÉ, Officier de l'Instruction publique, secrétaire, Agent comptable.

Président, M. A. Rodière
Suffragans : { MM. Molinier, Massol, Huc, } Professeurs.
Rosy, agrégé.

La Faculté n'entend approuver ni désapprouver les opinions particulières du candidat.

MEIS ET AMICIS.

DROIT ROMAIN.

BIBLIOGRAPHIE.

Cujaccius, *recitationes solemnes ad tit. Communi dividundo;* — Hugo Donellus, *de Judicis divisoriis ;* — Voëtius, *ad Pandectas*, h. t. ; — Vinnius , *Inst. Just. Commentarii;* — Pothier, *ad Pandectas*, h. t. ; — Walter, *Geschichte des Rom. Rechts*, 3ᵉ édit., Bonn, 1860, II, nᵒ 717 ; — G. Hasse, *im Rhein Museum* , VI , p. 172-179 ; Rudorff, *Rom. Rechtsgeschichte*, Leipsig, 1857-1859, II, § 35, p. 125 ; § 50, p. 171 ; § 42, p. 151 ; § 47 , p. 160 : — Savigny , *System* V., 36 ; — Rudorff, *Zù Puchta Vorlesungun*, 4ᵉ édit,, p. 189, Leipsig, 1858 ; — Triaire-Brun, *des Actions mixtes, Rev. de dr. fr. et étr.*, 1844, p. 449 et 798 ; — Zimmern , *des Actions* , trad. de M. Etienne, p. 142, 145, 185 ; — Vangerow, *Pandekten*, Leipsig, 1863, III , § 658, 501 et ss. ; — Brinckmann , *Verhaltniz der actio comm. div. ûnd der actio neg. get. Zù einander*, Kiel, 1855 ; M. Pellat, *Cours sur les Pandectes*, 1844-45. — Du Caurroy, *Inst. expliquées*, 8ᵉ édit. ; — M. Ortolan, *expl. des Inst. de Just.*, 6ᵉ édit. ; M. Pellat, *de la Prop. et de l'usuf.*; — M. Machelard, *Textes expliqués*, 1856; — M. Demangeat, *Traité de Droit Romain*, II. nov. 1865.

DROIT ROMAIN.

DE L'ACTION COMMUNI DIVIDUNDO (a).

CHAPITRE PREMIER.

Notion générale de l'action communi dividundo, et détermination précise de sa sphère d'application.

1. Lorsqu'une ou plusieurs choses se trouvent communes entre quelques personnes, deux nécessités juridiques sont susceptibles de se produire.

Les communistes peuvent d'abord vouloir opérer le partage de la chose indivise, et le législateur romain favorisait aussi de tout son pouvoir la cessation de l'état d'indivision si fertile en procès (1).

(1) *L. In re communi* 26, D., *de serv. præd. urb.*, 8, 2; *l. Quum pater* 77 § *Dulcissimis*, 20, D.. *de leg.* 2°, 31, 1.

___

(a) Quand on parcourt les ouvrages de nos grands romanistes des XVI° et XVII° siècles, on remarque qu'ils avaient toujours le soin d'accompagner leurs citations exégétiques des mots qui commencent la loi ou le paragraphe. La coutume a prévalu dans

D'un autre côté, pendant la durée de l'indivision, les fruits, que chacun des intéressés devrait recueillir pour sa part, ou les dépenses amenées par l'administration de la chose commune et que chacun devrait supporter aussi pour sa part, sont quelquefois recueillies ou faites en totalité par un seul ; de plus, la chose a pu être détériorée par une faute qui engage la responsabilité de l'un d'eux vis-à-vis des autres. L'équité exige la compensation de ces bénéfices ou de ces pertes, la réparation du dommage causé, et nécessite entre les communistes un réglement de compte.

Le recours au pouvoir judiciaire pour opérer ce partage, pour régler ces comptes, voilà ce qu'on appelait dans la procédure romaine l'action *communi dividundo*.

les temps modernes de citer en indiquant les chiffres seulement. Je ne crois pas que le mode de citation actuellement en usage réalise un progrès. *Antiqua non omnino spernenda.* On gagne en simplicité sans doute, mais on se prive d'un secours bien puissant pour aider la mémoire dans la connaissance des textes. Le chiffre ne laisse dans l'esprit aucun souvenir du passage qu'il désigne ; les mots sont beaucoup mieux retenus. Personne ne connaît la Const. 12, au Code de Just., l. 8, t. 18, et tout le monde connaît, au contraire, la Const. *Assiduis*, C., *qui potiores in pignore*. Quels fruits ne retirerait-on pas du retour à l'ancienne méthode ! La citation aurait d'abord l'avantage d'offrir en elle-même sa contr'épreuve ; mais, en outre, les lois devenant plus familières, l'indication d'un fragment aussitôt révélerait son contenu, et bien des recherches seraient évitées. Aussi ai-je voulu dans cette thèse protester par les paroles et par l'exemple contre la coutume des romanistes de notre époque. Cette résolution pourra paraître une originalité de l'esprit. Soit ; mais je prie le lecteur bienveillant de me la pardonner en faveur de ma conviction et de ma bonne foi.

2. Telle est bien l'idée générale qui s'attachait à cette expression. Mais, pour circonscrire le véritable domaine de l'action, il faut descendre dans quelques détails ; en même-temps qu'ils lui imprimeront le cachet qui lui est propre, ils serviront à la distinguer de deux autres actions qui ont avec elle beaucoup d'affinité.

3. — A. — C'est d'abord l'action *familiæ erciscundæ*.

Quand la chose indivise était une hérédité, ou plus généralement un ensemble juridique de biens (*universitas*) attribué à plusieurs indivisément par une disposition à cause de mort, le moyen qui, spécialement dans cette hypothèse, servait à obtenir le partage et à régler les comptes respectifs des sommes que les cointéressés pouvaient se devoir, était l'action *familiæ erciscundæ*. Ce n'est pas à dire pour cela que la création de cette action eût pour effet d'enlever au domaine de l'action *comm. div.* le cas de communauté se produisant entre cohéritiers ou successeurs à titre universel d'une personne décédée. Même alors celle-ci était susceptible d'être intentée (*b*) ; car sa sphère d'application était générale, et comprenait toutes les hypothèses quelconques d'indivision.

Mais, s'il en est ainsi, l'existence de l'action *fam. erc.* n'était-elle pas superflue ? Le reproche ne serait pas fondé, et des différences assez profondes séparent ces deux actions.

(*b*) L. *Quibus casibus* 54, D., *pro socio*, 17, 2 ; — l. *Inter coheredes* 44, pr., D., *fam. erc.*, 10, 2. — *Nec obstat* l. *Per hoc judicium* 4, pr., h. t. — Ulpien a seulement voulu dire que l'action *comm. div.* ne s'appliquait pas à une hérédité prise en masse ; mais il n'en est pas moins certain que le domaine de cette action s'étendait aux choses d'une hérédité *prises isolément*.

1°. Dans la masse héréditaire il peut se trouver des choses que le défunt détenait à titre de dépôt, de louage ou de commodat. L'action *fam. erc.* s'y applique pour faire cesser l'indivision au point de vue de la responsabilité que leur garde pourrait faire encourir à tous les héritiers. La preuve s'en tire de ce que la pétition d'hérédité et l'action *fam. erc.* se confondent, à peu de chose près (*c*), en ce qui touche la détermination de leur objet (2), et que les choses déposées, louées ou prêtées à usage étaient comprises dans la pétition d'hérédité (3). — Or, Ulpien nous dit qu'elles ne pouvaient pas entrer dans l'action *comm. div.* (4).

II° L'action *fam. erc.* a toujours pour objet un ensem-

---

(2) *L. Sed et si* 25 § *Hoc senatus-consultum* 19, D., *de hær. pet.*, 5, 3. — (3) *L. Et non tantum* 19, pr., D., *eod.* — (4) *L. Comm. div. judicium* 7 § *Neque colonis* 11, *h. t.; l. Inter coheredes* 14, pr., D., *fam. erc.*, 10, 2.

(*c*) Ce correctif est nécessaire, car il faut tenir compte de deux différences exceptionnelles entre les cas d'application de la pétition d'hérédité et ceux de l'action *fam. erc.* — 1° Quand une personne réunit sur sa tête la double qualité d'héritière et de débitrice du défunt, et qu'elle se prévaut de sa qualité d'héritière pour ne pas payer, contre cette possession exclusive d'un droit, la pétition d'hérédité est admissible ; tandis que c'est là une contestation dans laquelle le *judex fam. erc.* est incompétent à cause du principe de la division légale des créances (*l. Fundus qui* 51 , § *si ego* 1, D., *fam. erc.*, 10, 2). — 2° L'action *fam. erc.* s'applique aux choses dont la propriété est acquise par l'héritier, mais dont la cause de l'acquisition remonte au défunt (*l. Veniunt in* 9 , D. *eod.*) ; au contraire, la pétition d'hérédité n'est pas donnée dans les mêmes circonstances (*l. Et non tantùm* 19 § *Quod si* 1, D., *de hær. pet.* , 5, 3).

ble juridique de biens ; elle doit s'appliquer à l'hérédité tout entière (5). — Au contraire l'action *comm. div.* ne peut avoir lieu qu'à l'occasion d'une ou plusieurs choses considérées dans leur individualité (6), et par conséquent elle sera valablement intentée pour un ou certains objets seulement d'une hérédité.

L'expression de cette différence se trouve dans un fragment de Modestin (7) dont voici l'espèce. Parmi les biens composant une hérédité, est un fonds que des sépultures humaines ont rendu *religieux* ; *Primus* veut vendre à son co-héritier *Secundus* la part du fonds à laquelle il a droit ; celui-ci refuse dans l'impossibilité de fournir la somme nécessaire, et demande le partage. Son action est-elle fondée ? La raison de douter vient de la circonstance que le fonds est devenu en partie *religieux*, rapprochée de ce principe : que les lieux consacrés aux Dieux Mânes ne peuvent être partagés. Le jurisconsulte pense néanmoins que la division du fonds est un acte parfaitement légal, sous cette restriction que la partie déterminée, qui a reçu le caractère *religieux*, ne sera pas comprise dans le partage.

Modestin, en se demandant si le fonds peut être divisé, pose la question et quant à l'action *comm. div.* et quant à l'action *fam. erc.*, avec une telle propriété de termes qu'il marque avec clarté la diversité d'application de ces deux moyens juridiques. La première de ces actions s'appliquant valablement à un objet particulier de l'hérédité, il se demande purement et simplement, sans restreindre la portée de ses expressions, si

l'action *comm. div.* peut être intentée *ad fundum par-
tiendum*; puis, quand il répète la question pour l'action
fam. erc., il a le soin d'exprimer qu'elle n'est susceptible de pouvoir être exercée pour la division du fonds
qu'autant qu'elle comprendra, pour les soustraire aussi
à l'état d'indivision, le reste des choses héréditaires
(*exempt̃ ...leris corporibus hœreditariis*).

IIIᵒ La troisième différence qui reste à énoncer n'est
qu'une conséquence de la précédente. L'action *fam.
erc.*, devant nécessairement comprendre la totalité de
l'hérédité, ne pouvait être intentée qu'une fois, puisque
son exercice régulier avait pour effet de mettre fin à
l'indivision de l'entier patrimoine héréditaire (d). Il
n'en résultait pas que, si un objet de l'hérédité avait
été omis dans le partage, les parties fussent placées
dans la nécessité de laisser la chose indivise ; elles
avaient le droit d'en poursuivre la division par l'action
comm. div. (8). — Cette action, au contraire, qui peut
être intentée à l'occasion d'une *res singula*, sera valablement répétée, tant qu'une chose restera indivise
entre les mêmes personnes (9).

(8) § *Arbiter fam. erc.* 1, *Pauli sent.*, 1, 18; *l. Si filia nupta* 20, § *Fam.
erc. judicium* 4, D., *fam. erc.*, 10, 2. — (9) L. *Per hoc judicium* 4, § *Hoc judicium* 2, h. t.

(d) Cette proposition doit recevoir une limitation indiquée par
Ulpien dans la l. *Si filia nupta* 20, § *Fam. erc. judicium* 4,
D., *fam. erc.*, 10, 2. — L'action *fam. erc.* n'était pas susceptible d'être exercée plusieurs fois, *nisi causa cognita*, si ce n'est
pour une cause que le préteur appréciait lui-même, comme par
exemple quand il croyait trouver un juste motif de prononcer une
restitutio in integrum, dont la conséquence était de faire consi-

4. B. — La seconde action , qu'il faut distinguer avec soin de celle qui fait l'objet de la présente étude, parce qu'elles offrent entr'elles certains points communs, est l'action *pro socio.*

Et d'abord, elles diffèrent, au point de vue de leur source, en un point fondamental. L'origine de l'action *pro socio* est le contrat de société ; elle n'est valablement intentée qu'entre associés (10). — L'action *comm. div.*, d'une application beaucoup plus large, a sa source dans l'existence d'une communauté quelconque, qu'elle dérive du contrat de société, d'un *communiter gestum* (e) ou d'un fait accidentel étranger à la volonté des parties, comme dans les cas d'une hérédité légitime, d'une disposition entre-vifs ou à cause de mort s'adressant à plusieurs ; elle a lieu en un mot entre tous communistes (11).

(10) *L. Ut sit pro socio* 31, *l. Nam quum* 32, *l. Ut in conductionibus* 33, *l. Quibus casibus* 34, *D., pro socio* , 17, 2.

(11) *L. Nihil autem* 2, pr., *h. t.* ; *l. Actione* 65 § *Si post distractam* 13. *D., eod;* § *Item si inter* 3, *Inst. Just., de oblig. quasi ex contr.*, 3, 27.

---

dérer comme non avenu le partage qui avait eu lieu et les effets qu'il avait produits.

(e) Dans les fragments précédemment cités, Ulpien appelle de ce nom, qui est technique en Droit Romain, la communauté de biens dérivant du mutuel consentement de plusieurs personnes , dont la pensée a été pourtant exclusive de la formation d'un contrat de société, par exemple lorsqu'elles conviennent d'acheter ou de louer en commun une chose dont la vente ou le fermage ont été mis aux enchères pour empêcher une lutte qui les pousserait trop haut. On en trouve un autre exemple dans les fragments suivants : *l. Marcellus* 3 § *Pomponius* 2, *l. Quo quidem* 4 § *Idem Pomponius* 5, *D., de rei vind.*, 6, 1.

5. Il semble, d'après cet aperçu, que ces deux actions se confondent, au moins dans l'hypothèse d'un contrat de société. Cette conclusion serait une erreur; même dans ce cas, des différences existent entr'elles, nombreuses et variées.

1° Le but de l'action *comm. div.* est double : l'un principal, arriver au partage des choses communes par *l'adjudicatio*, l'autre accessoire, obtenir l'exécution des obligations dont les communistes sont mutuellement tenus au moyen de la *condemnatio* (12). — L'action *pro socio* a pour but seulement de faire exécuter par son coassocié les obligations que la société lui impose ; elle ne tend qu'à obtenir une *condemnatio* (13) (*f*).

(12) L. *Per hoc judicium* 4 § *Sicut autem* 3; l. *In comm. div. judicio* 3, pr., h. t. ; l. *Pro socio* 38, § *Si tecum* l, D., pro socio 17 , 2. — (13) L. *Si actum sit* 13, D., eod.

(*f*) Nulle objection à tirer contre cette proposition de la l. *comm. div. judicium ideo* 1, h. t. : «... *pro socio actio magis ad personales invicem præstationes pertinet quam ad communium rerum divisionem.* » Ces mots ne doivent pas s'entendre comme si Paul voulait dire que l'action *pro socio* a pour but de poursuivre à la fois et le partage des choses communes, et l'exécution des obligations sociales, mais que, si on la compare sous ce rapport à l'action *comm. div.*, elle tend principalement à obtenir l'exécution de ces obligations. Il faut les interpréter en ce sens : *que dans le cas où l'on demanderait si l'action* pro socio *a pour objet les deux chefs indiqués, ou si elle ne tend qu'à la poursuite des obligations sociales, on doit opter pour ce dernier sentiment,* exactement comme si le jurisconsulte se fût exprimé de la sorte : *magis dicendum est pro socio actionem ad personales invicem præstationes pertinere quam ad communium rerum divisionem.* L'idée de préférence qu'indique le

11º Les obligations réciproques des associés ou, pour employer l'expression des textes, les *præstationes*, dont l'exécution peut être poursuivie par l'action pro *socio*, ne sont pas les mêmes que celles qui entrent dans le domaine de l'action *comm. div.* ; les premières sont plus étendues. L'action *pro socio* concerne toutes les obligations quelconques, auxquelles les associés sont tenus les uns vis-à-vis des autres. Ainsi elle est délivrée :

Soit pour contraindre les associés à réaliser la mise qu'ils ont promis d'apporter (14) ;

Soit pour obtenir que, dans une société qui a pour objet la mise en commun de créances seulement, chacun des membres soit constitué *procurator in rem suam* pour sa part dans chaque créance (15) ;

Soit afin d'obliger un associé au rapport des bénéfices dont il a exclusivement profité, et qui, d'après les conventions sociales, doivent être communiqués (16) ;

(14) *L. Quum societas* 69, *eod.* — (15) *L. Si actum sit* 13, *eod.* — (16) *L. Pro socio arbiter* 38, § *Si tecum* 1 ; l. *Quum duobus* 52, § *Idem Papinianus* 8, *eod.*

comparatif *magis*, porte en réalité, non sur le but de l'action, mais sur la détermination que doit prendre l'esprit entre deux opinions opposées. Cette interprétation a pour elle l'autorité d'Accurse, dont l'opinion a été suivie par Cujas et par Doneau ; elle se fonde aussi sur des raisons exégétiques sérieuses. On rencontre souvent, en effet, dans la lecture des Pandectes des phrases du genre de celle qui vient d'être rectifiée, et l'on y trouve la preuve que cette tournure elliptique était familière aux jurisconsultes de Rome (l. *Si vero non* 12 § *Quum quidam* 12, l. *Inter causas* 26 § *Non omnia* 6, D., *mandati*, 17, 1).

Soit pour faire supporter par chacun des associés la perte subie par un seul, à cause d'un fait qui n'engage pas sa responsabilité (17), ou celle qui résulte pour lui de l'insolvabilité d'un coassocié (18);

Soit pour forcer un associé à indemniser les autres du préjudice causé par son dol ou par sa faute (19).

Au moyen de l'action *comm. div.*, on ne peut poursuivre que l'exécution des obligations résultant de ce qu'un seul des associés a perçu un gain ou essuyé une perte, alors que tous devaient y participer, ou de ce qu'il a apporté par son dol ou sa faute un préjudice aux affaires sociales (20). Ainsi elle ne serait pas valablement intentée pour obtenir la réalisation de l'apport, par la raison que l'existence d'une chose indivise est essentielle à son exercice, et qu'avant l'apport réalisé il n'y a pas encore de *res communis*. Il en est de même quand la société est exclusivement formée pour la communication de créances, *societas nominum*. Les créances, insusceptibles d'être partagées (21), ne comportent pas l'*adjudicatio*, et ne peuvent donner lieu qu'à des *præstationes personales*. Or le *judex* de l'action *comm. div.* n'a compétence pour s'occuper des obligations dont les associés sont tenus entr'eux qu'accessoirement à une demande tendant au partage d'une chose commune.

Il ne faut donc pas prendre d'une manière absolue ces expressions de la l. *Pro socio arbiter* 38 § *Si tecum*

(17) L. *Quum duobus* 52, § *Quidam sagariam* 4, et § *Si quis ex sociis* 15, cod. — (18) L. *Verum est* 63, § *Si quum tres* 5: l. *Si unus ex sociis* 67, pr., eod.

(19) L. *Sed et sociis*, 17 pr.; l. *Si fundus* 39; l. *Quum duobus* 52, § *Si qui societatem* 11, cod. — (20) L. *In comm. div. judicio* 3, pr.; l. *Per hoc judicium* 4, § *Sicut autem* 3, h. t.; l. *Pro socio arbiter* 38, § *Si tecum* 1, D., pro socio, 17, 2.—(21) l. *Ea quæ in nominibus* 6, C., *fam.erc.*, 3, 36.

1, D. *pro socio*, que l'exercice de l'action *pro socio* entraîne la perte de l'action *comm. div.*, et réciproquement. Il en est ainsi pour les points qu'elles ont communs ; mais pour ceux auxquels on n'arrive que par l'une des deux voies, on peut mettre en exercice ces deux actions l'une après l'autre, dans le but d'atteindre par chacune les résultats qui la concernent. Telle est la distinction faite, et avec raison, par la loi *Si tecum sit* 43, *eod.*

III° — L'action *pro socio* est valablement exercée, même après la cessation de l'indivision (22), pourvu que les obligations, dont on veut obtenir l'accomplissement, aient pris naissance pendant la durée du contrat de société (23); tandis que la faculté d'intenter l'action *comm. div.* se perd, même pour les *præstationes* qui font partie de son domaine, dès qu'a pris fin l'état d'indivision (24) (g).

IV° — Les associés ne peuvent être condamnés les uns envers les autres, sur l'action *pro socio*, que chacun jusqu'à concurrence de ses moyens, *in quantum facere potest*, à cause du caractère de la société, qui, dans les idées romaines, établissait entre les contractants une

---

(22) *L. Si tecum sit* 43, *D.*, pro socio, 17, 2. — (23) *L. Actione* 65, § *Sit post distractam* 13 ,cod. — (24) *L. Comm. div. judicium* 1. *h. t.*; l. *Familiæ erciscundæ* 9, *C.*, comm. utr. jud, 3 ;38.

(g) Dans deux cas toutefois, ainsi qu'il sera dit plus bas (n° 64), l'action *comm. div.* était accordée même *sublatâ communione*, mais sous la qualification *d'actio utilis* : ce qui démontre que ces deux cas ne sont que des extensions données au principe du droit civil rigoureux (l. *Si quis putans* 6 § *Quare et si* 1, l. *In summâ* 11, h. t.).

sorte de fraternité (25). Ce bénéfice (h) n'est étendu par aucun texte à l'action *comm. div.*, se produisant même entr'associés.

V° Enfin, dernière différence, l'édit du préteur avait mis au nombre des personnes notées d'infamie l'associé qui, poursuivi par l'action *pro socio*, aurait été condamné (26); au contraire, la condamnation prononcée sur l'action *comm. div.* n'était pas infamante.

CHAPITRE SECOND.

Nature et divers caractères de l'action communi dividundo.

Section I. — *Nature de cette action.*

6. L'action *comm. div.* présente, sous le rapport de sa nature, une anomalie bien remarquable, et, sur ce point, elle se confond entièrement avec l'action en partage d'une hérédité (*familiæ erciscundæ*), l'action en détermination des limites (*finium regundorum*) et les deux interdits *Uti possidetis* et *Utrubi* (a).

(25. *L. Verum est* 63, pr., *D.*, pro socio, 17. 2; *l. Sunt qui* 10, *D.*, de re jud., 12, 1 ; § *Sed et si* 38, *Just. Inst.* ... 4, 6. — (26) *L. Prætoris* 1, *D.*, de his qui not. inf., 3, 2 ; § *Quibu.* ... 182, *G. I.*, IV; § *E.c quibusdam* 2, *Just. Inst.*, de pœna tem. lit ... ...

(h) C'est à dessein que l'expression *bénéfice de compétence* n'est pas employée ; elle ne se rencontre pas dans la belle langue des jurisconsultes romains, et la nécessité ne l'impose pas dans la nôtre.

(a) Dans ces interdits que l'on qualifiait *duplicia*, les deux

L'action, par l'idée même qui s'attache à cette expression, suppose deux personnes ou deux classes de personnes qui jouent respectivement deux rôles opposés : celle qui s'adresse à la justice pour faire cesser la violation d'un droit, celle qui se défend pour faire tomber cette imputation, le demandeur et le défendeur. Autrement on ne peut concevoir l'existence d'un débat, et partant l'existence d'une action. Cependant, par une dérogation qui dès l'abord semble heurter ces premières notions de la science du droit, l'action *comm. div.* et les autres de la même nature n'offrent pas cette dualité de positions; tous ceux qu'elles mettent en présence sont placés sur la même ligne, *par causa omnium videtur ;* tous sont à la fois demandeurs et défendeurs, *et rei et actoris partes sustinent* (1).

A raison de leur nature exceptionnelle, Ulpien les appelait *mixtæ actiones* (2); mais la dénomination qui semble avoir prévalu est celle de *duplicia judicia,* déjà employée par Gaius (3) et que Julien explique en ces termes : «*In eis singulæ personæ duplex jus habent, agentis et ejus quocum agitur (L. Judicium comm. div. 10, fin. reg., 10, 1).*

---

(1) *L. Per familiæ* 2, § *In fam. erc. judicio* 3, *D., fam. erc.,* 10, 2 — (2) *L. Actionibus* 37, § *Mixtæ* 1, *L., de obl. et act.,* 44, 7, — (3; *L. Nihil autem* 2, § *In tribus istis* 1, *h. t.*

---

parties occupaient une situation identique ; ils consistaient dans un ordre de ne pas troubler la possession existante, adressé indistinctement à chaque plaideur, de telle sorte que la condamnation pouvait frapper celui d'entr'eux, n'importe lequel, qui contrevenait à l'interdit (§ *Tertia divisio* 7, *Just. Inst., de interd.,* 4, 15).

7. Il est possible d'expliquer cette anomalie. Quand plusieurs ou un même demandeur voulaient attaquer un seul ou plusieurs défendeurs, et que les causes étaient connexes, le magistrat accordait autant de formules qu'il y avait de demandeurs ou de défendeurs, mais il ne nommait qu'un *judex*. Il en était de même, lorsque les parties élevaient l'une contre l'autre des prétentions différentes quant à leur objet. C'est ce que nous apprend Quintilien :
« *Privata quoque judicia sæpe unum judicem habere multis et diversis formulis solent; nec aliæ species erunt, etiam si unus a duobus duntaxat eamdem rem atque ex eadem causa petet, aut duo ab uno, aut plures a pluribus : quod accidere in hereditariis litibus interim scimus, quia, quamvis in multis personis, causa tamen vna est, nisi conditio personarum quæstiones variaverit. Similis petitionum invicem diversarum : quod accidit frequentissime.* » Quintil. (Orat. Inst., *III*, 10).

Ces actions prenaient les noms de *mutuæ actiones* (4) ou de *mutuæ petitiones* (5).

Si l'on pénètre maintenant la nature intime de l'action comm. div. et de celles qui lui ressemblent, on verra qu'elles ne sont elles-mêmes qu'une agglomération d'actions. Ainsi plusieurs personnes agissent *comm. div.* pour mettre fin à une copropriété indivise ; que l'on décompose cette situation complexe, l'analyse fera apparaître autant de débats contradictoires, et par suite autant d'actions, qu'il y en aurait eu d'une manière apparente, si chacun des communistes avait agi iso-

(4) L. *Si idem* 11, § *Sed et si mutuæ* 1, D., de jurisd., 2, 1; l. *Siquis* 5, §*Tutelæ* 1, D., de O. et A., 44, 7. — (5) C. *Compensationis* 1, C., rer. am., 5, 21.

lément contre les autres pour obtenir sa part dans la chose commune. Le magistrat aurait donc dû, appliquant la règle rappelée par Quintilien, délivrer autant de formules qu'il y avait d'instances en réalité et de parties dans chaque instance. Il en était probablement ainsi dans le droit primitif. Mais comme, en matière de partage, cette complexité tendait à se reproduire constamment, qu'une action *comm. div.* ou une action *fam. erc.* ou une action *fin. reg.* n'allait presque jamais seule, qu'elle était toujours accompagnée des autres du même genre, l'empire de l'habitude fit que le préteur confondit toutes ces actions partielles en une seule qui porta la qualification commune. Cependant il ne pouvait, en simplifiant la procédure, aller contre la nature des choses et les droits des plaideurs dérivant de leur position dans le procès. Conservant donc à chacun dans l'action unique et complexe les divers rôles qu'il jouait dans les actions multiples et simples, les jurisconsultes romains furent amenés à dire que les parties y occupaient à la fois la double situation de demandeur et de défendeur.

Les Pandectes manifestent encore des vestiges de cette transformation. C'est ainsi que, dans la l. *Lucius Titius* 38, *pr.*, *D.*, mand., 17, 1, Marcellus parle d'une instance en partage s'engageant *mutuis petitionibus*, expression qui rappelle la pluralité d'actions à intenter pour l'obtenir d'après les règles de l'ancienne procédure (*b*).

(*b*) Il peut se faire que, du temps de ce jurisconsulte, l'innovation n'était pas encore accomplie ; Marcellus, un des conseillers d'Antonin-le-Pieux (113-161 p. C.) au rapport de Capitolin,

8. Il reste à indiquer brièvement les conséquences pratiques qui découlent de la nature singulière des actions divisoires et de l'action en détermination des limites.

I° Dans les actions ordinaires, la *sententia judicis* ne peut jamais condamner ou absoudre qu'une seule des parties, le défendeur ; quant au demandeur, il n'encourait aucune condamnation, alors même qu'il ne triomphait pas. Telle était la mission impartie au *judex* par la formule. — Celle de l'action *comm. div.* et des autres de même espèce lui donnait pouvoir de prononcer une condamnation, quand il y avait lieu, contre l'un ou l'autre des plaideurs, sans distinction (6).

II° Une législation prodigue du serment, dans le but d'empêcher les procès téméraires, imposait aux deux parties la nécessité du *jusjurandum calumniæ causa* (7); le demandeur était obligé de jurer qu'il n'agissait pas par esprit de chicane (*non calumniæ causa litem intendere*) (8); le défendeur qu'il ne soutenait pas le procès de mauvaise foi (*non calumniæ causa ad inficias ire*) (9). — L'action *comm. div.* revêtait encore à ce point de vue une physionomie particulière. Paul en effet déclare formellement que, dans les actions divisoires et dans

(6) *L. Mœvius* 52, § *Arbiter fam. erc.* 2, *D., fam. erc.*, 10, 2. — (7) § *Severior* 178, *G. I., IV.* — (8) § *L'itqué autem* 179, *eod.* — (9) § *Quod si neque* 172, *eod.*

---

in vitâ Antonini, est antérieur à Gaius lui-même. Ses paroles s'adaptent parfaitement à la procédure probable de son époque , et l'hypothèse acquerrait ainsi un degré de plus de vraisemblance.

l'action *fin. reg.*, chacun des plaideurs, jou.int à la fois ces deux rôles, est astreint à prêter le double serment (10).

III° Une troisième conséquence existe au point de vue des *satisdationes*, c'est-à-dire des promesses contractées par stipulation et garanties par des fidéjusseurs, que le préteur exigeait en délivrant la formule d'action. La personne, qui attaquait au nom d'autrui, était assujettie à la caution de *rato*; le mandataire du défendeur et le défendeur lui-même, à la caution *judicatum solvi* (11). Cela posé, de la double nature de l'action *comm. div.* il résultait que, lorsque tous les communistes figuraient en personne dans l'instance en partage, tous devaient fournir la caution *judicatum solvi*; que, lorsque c'étaient des procureurs qui agissaient pour eux, ils étaient obligés chacun de donner à la fois la caution *judicatum solvi* et la caution de *rato* (12).

9. Il semblerait, par ce qui précède, que, dans les trois actions dont la nature vient d'être étudiée, la désignation de la partie qui était demanderesse et de celle qui jouait le rôle de défendeur, ne devait être d'aucune utilité. Et cependant les jurisconsultes romains paraissent s'en préoccuper. Ainsi Gaius prétend qu'il faut considérer comme demandeur celui qui a intenté l'action, et Ulpien ajoute que, dans l'hypothèse où les communistes se seraient réunis pour la demander tous ensemble, c'est le sort alors que l'on doit consulter (13), indiquant assez par là qu'il est des cas où,

(10) *L. Inter coheredes* 44, § *Qui familiæ* 4, *D.*, *fam. erc.*, 10, 2. — (11) *V. Just. Inst.*, *de satisd.*, 4, 11. — (12) *L. Si defunctus* 15, § *Qui ad communi* 1, *D.*, *de procur.*, 3, 3. — (13) *L. In tribus istis* 13, *l. Sed quum ambo* 14, *D.*, *de jud.*, 5, 1.

malgré la nature des actions précitées, il y a nécessité
de distinguer les rôles. Mais quels sont ces cas? Les
auteurs, sur ce point, en sont encore aux conjectures.
M. Pellat (*cours de Pandectes*, 1844-45) pense que cette
nécessité existait pour la détermination de l'ordre des
plaidoiries et des preuves à fournir, *litis ordinandæ
causa*; telle était l'opinion de Cujas. — Une étude pa-
tiente du sujet peut encore faire découvrir un cas moins
général. Lorsqu'un copropriétaire s'était mis en frais
pour améliorer une chose dont il croyait avoir l'exclusive propriété, il ne pouvait pas, s'il était demandeur
dans l'action *comm. div.*, réclamer une indemnité, parce
qu'il n'avait eu l'intention d'obliger personne; mais si
le partage était au contraire poursuivi contre lui, il
était en droit d'obtenir le remboursement de ses impenses par voie de rétention (14) (no 56). Donc à ce
point de vue, il importait de savoir quel était le demandeur ou le défendeur.

SECTION II. — *Caractères de l'action* communi dividundo.

10. A différents points de vue, les actions sont de
plusieurs espèces. Rechercher dans lesquelles de ces catégories rentre l'action *comm. div.*, c'est, en autres termes, étudier ses divers caractères.

11. *Premier caractère.* — Sous le rapport de l'origine,
les actions sont civiles ou honoraires, selon qu'elles ont
été organisées par le droit civil, ou introduites par l'édit

---

(14)*L. Si quis quum* 29; *l. In hoc judicium* 14, § *Impendia, h. t.*

des préteurs et des édiles (1). Il est à penser que l'action *comm. div.* était une action civile comme descendant de la loi des XII Tables. Les rares fragments, qui nous soient parvenus de cette codification, n'en parlent nullement. Mais si l'on songe que les dénominations, sous lesquelles les actions divisoires et l'action en détermination des limites nous apparaissent dans les textes, appartiennent à la langue antique de Rome, qu'elles présentent entr'elles la plus grande analogie ; si l'on ajoute à cela que l'action *fam. erc.* remonte à la loi des XII Tables (2), que tout nous porte à croire que l'action *fin. reg.* avait même origine (*Nonius Marcellus, de propr. serm.*, 5, 54 ; *Cic., de rep.*, 1, 4, 8 ; *de leg.*, 1, 21,) il est raisonnable de présumer que la source de l'action *comm. div.* n'était pas différente.

12. *Second caractère.* — La division la plus importante des actions est celle fondée sur la nature du droit prétendu ; à ce point de vue, on distingue les actions *in rem* et les actions *in personam.*

Dans quelle catégorie faut-il ranger l'action *comm. div.* ? Si d'abord on consulte les principes, on est invinciblement conduit à y reconnaître le caractère de personnalité. Celui qui élève des prétentions à une copropriété indivise, peut avoir à exercer relativement à elle deux droits bien distincts. Il est en premier lieu propriétaire d'une fraction indéterminée, d'une portion du tout et de chaque atôme de la chose commune, droit de propriété qui a pris naissance dans un fait juridique générateur de droits réels, tels qu'une disposition à cause

---

(1) *L. Actionum* 25, § *Omnes* 2, *D., de O. et A.*, 44, 7 ; § *Sed istæ* 3, *Just. Inst., de act.*, 4, 6. — (2) *L. Hæc actio* 1, pr., *D., fam. erc.*, 10, 2.

de mort, une vente ou une donation suivies de tradition, etc. Il a aussi un droit de créance, dérivant d'un
contrat ou comme d'un contrat, et qui tend à forcer ses
cointéressés au partage et à l'accomplissement des obligations ayant pour cause l'administration de la copropriété. Des actions diverses correspondent à la violation
de ces droits différents. Pour faire reconnaître son droit
de copropriétaire lorsqu'il est méconnu, il peut intenter,
suivant les cas, l'action en revendication ou la pétition
d'hérédité (3). Quant au droit tout personnel d'exiger le
partage et en même temps le remboursement des sommes à lui dues, c'est l'action *com div.*, ou, s'il s'agit
d'une masse héréditaire, l'action *fam. erc.*, qui lui en
assurent le libre exercice. Telle est l'exactitude de ces
principes que, si l'une des parties, sur l'action en partage, conteste à l'autre la qualité de communiste,
comme alors le droit de propriété est mis en question
et qu'il doit faire l'objet d'une instance séparée et préa-
lable, l'action peut être repoussée par une *præscriptio*,
soit la *præscriptio quod præjudicium hereditati non fiat*
(4); soit celle *quod præjudicium fundo partive ejus non
fiat* (5). (a) L'action *comm. div.* est donc certainement

(3) *L. Etsi non omnes* 8, § *Si incertum* 1, h. t. — (4) *L. Hæc actio*, 1, §
Quæ quidem 1, *D.*, *fam. erc.*, 10, 2. — (5) *L. Fundi* 18, *D.*, *de except.*,
44, 1.

_____

(a) Ce n'est là qu'une application de cette règle suivie par la
jurisprudence romaine : que, lorsqu'il s'élève à la fois devant le
magistrat deux contestations liées entr'elles de telle sorte que la
solution de l'une doive influer sur celle de l'autre, si l'une de ces
questions est principale et que l'autre n'en soit qu'un accessoire ;

une action personnelle, puisqu'elle sert à faire valoir un droit d'obligation.

Quelle est maintenant la décision des textes ? Dans une Constitution de Justinien, elle est ainsi formellement qualifiée : «*Jubemus omnes personales actiones.... triginta annorum spatiis concludi... Nemo itaque audeat, neque actionis fam. erc., neque comm. div. neque fin. reg., neque alterius cujuscumque personalis actionis vitam longiorem esse triginta annis interpretari*» (6). L'action *fin. reg.*, qui sur ce point marche confusément avec les actions en partage, est appelée par Paul une action personnelle (7) (*b*).

13. Après cette exposition de principes fortifiée par la lettre de la loi, il semble, bien qu'il ne doive s'éle-

---

(6) *C. Super annali*, § *Ad hæc* 1, *C., de ann. except.*, 7, 40. — (7) *l. Fin. reg. actio*, 1, *D., fin. reg*, 10, 1.

---

qu'une conséquence, celle-ci ne doit être examinée qu'en dernier lieu pour ne pas préjuger la décision de la première (*l. Per minorem* 54, *D., de jud.*, 5, 1). Dans l'espèce, le droit de contraindre au partage est un corollaire de la qualité de communiste ou de cohéritier chez la personne qui le poursuit. Quand cette qualité est niée, la loi, d'accord avec la raison, veut que ce litige soit complétement vidé pour procéder à la division de la chose commune.

(*b*) Ainsi que les deux autres, l'action *fin. reg.* apparaît, sous le rapport des principes, comme une action purement personnelle. Tout propriétaire d'un fonds peut avoir deux droits à invoquer : le droit de propriété sur sa chose, et un droit d'obligation, celui de contraindre ses voisins au bornage. C'est celui-ci que l'action *fin. reg.* a uniquement pour but de protéger ; l'autre est exercé par la *rei vindicatio.*

ver aucun doute sur la personnalité de l'action *comm. div.*, et cependant la détermination du véritable caractère, sous le rapport du droit poursuivi, des deux actions divisoires et de celle en détermination des limites, cache la question la plus épineuse et la plus controversée du sujet. La difficulté vient du paragraphe *Quædam actiones* 20., *Inst. Just.*, *de act.*, 4, 6, qui attribue aux actions dont il vient d'être parlé une nature mixte, tant réelle que personnelle. Non-seulement ce texte est en contradiction avec les principes de la matière, mais encore il semble énoncer une impossibilité juridique. L'action réelle est celle par laquelle le demandeur se prétend investi d'un droit de propriété ; l'action est personnelle, quand le demandeur se dit créancier de telle personne déterminée : actions d'une nature aussi diverse que les droits qu'elles sont destinées à faire valoir. Comment peut-il être qu'une même action réunisse en elle deux caractères opposés, et partant exclusifs l'un de l'autre ?

Des esprits un peu trop absolus ont soutenu que, sous le système formulaire, l'action était personnelle ou réelle, suivant que le nom du défendeur était ou n'était pas indiqué dans l'*intentio*. Même dans ce système qui doit être repoussé, l'impossibilité subsiste ; car le nom du défendeur ne saurait être à la fois énoncé et non énoncé dans l'*intentio*.

Aussi le texte des Instituts a-t-il exercé la sagacité des plus habiles interprètes, et son commentaire n'a pas donné lieu à moins de six opinions différentes.

14. — *Première opinion.* — C'est celle de Voët (comm. du titre : *fin. reg.*, n° 4).

Les trois actions *comm. div.*, *fam. erc.* et *fin. reg.*

sont tout-à-fait réelles. Justinien les appelle mixtes, parce que des prestations personnelles peuvent y entrer comme accessoires.

Elles sont réelles : lorsqu'en effet une personne veut prendre possession de la part qui lui revient dans la chose commune, ou recouvrer la portion de son fonds qu'elle prétend envahie par un voisin, elle revendique sa chose, à proprement parler. Elles sont personnelles, en ce sens que l'on peut par leur moyen poursuivre l'exécution de certaines obligations. Mais en réalité ce sont des actions *in rem*, elles ne revêtent que par accident le caractère de personnalité, puisqu'elles ont toujours pour but une chose à partager ou des limites à fixer, et que des obligations à faire exécuter souvent n'existent pas.

Cette opinion est directement le contre-pied de la vérité; ces actions, au contraire, sont avant tout personnelles. Sa réfutation complète résultera de l'examen des autres sentiments qui ont été produits sur la question.

15. — *Seconde opinion.* — Le paragraphe *Quædam actiones* n'a pas la portée qu'on lui donne ordinairement, celle d'attribuer au *judicium comm. div.* les deux caractères de réalité et de personnalité. Entendu dans son véritable sens, il signifie que certaines actions ont une nature double, *mixtam causam habere videntur*, et que de telles actions il en est tant parmi les actions réelles que parmi les actions personnelles, *tam in rem quam in personam*.

Les Instituts donnent ensuite pour exemples les deux actions en partage et celle en détermination des limites.

Cette interprétation n'est pas arbitraire ; elle est tirée de textes aussi probants que nombreux. Et d'abord le mot *mixta*, appliqué aux actions, est défini par Ulpien : les *mixtæ actiones*, expression synonyme de *duplicia judicia*, sont celles dans lesquelles chacune des parties joue simultanément le rôle de demandeur et celui de défendeur (8). Quant à l'autre expression *tam in rem quam in personam*, les jurisconsultes l'emploient, non dans le but de qualifier des actions dont l'existence est impossible, mais dans un but d'énumération, c'est-à-dire, pour indiquer que, dans l'espèce d'actions dont ils parlent, il en est qui sont réelles et d'autres qui sont personnelles (9).

16. Cette exégèse, en apparence si bien fondée, ne peut tenir contre cette simple remarque : qu'une action réelle dont la nature soit double est encore à trouver dans la législation romaine. Il n'y a que trois actions, *comm. div., fam. erc., fin. reg.*, qui présentent cette anomalie, et ces trois actions sont personnelles (c).

---

(8) *L. Actionibus* 37, § *Mixtæ* 1, *D.*, *de obl. et act.*, 44, 7. — (9) § *Sed istæ* 3, § *Præterea* 31, *Inst. Just.*, *de act*, 4, 6; § *Hoc loco*, pr. *eod.*, *de perp. et temp. act.*, 4, 12.

(c) Cette réfutation est demeurée jusqu'à présent sans réplique ; on aurait pu cependant y opposer la réponse suivante. On sait qu'il existe deux interdits, *Uti possidetis et Utrubi*, dont la nature est identique à celle des *duplicia judicia* ; on sait aussi que, sous Justinien, la procédure des interdits se modifia, et qu'on n'eut recours désormais qu'aux actions qni servaient primitivement à les faire valoir. (§ *Sequitur*, pr., *Inst. Just.*, *de interd.*, 4, 15). Les interdits relatifs à la possession, devenus des actions possessoires, étaient revêtus du caractère de réalité ;

D'ailleurs le sens que donne Ulpien au mot *mixta* ne constitue pas la seule acception dans laquelle il doive être pris. C'est ainsi que Justinien lui-même appelle *mixtæ* les actions qui sont à la fois *rei et pœnæ perse-cutoriæ* (10), que Dioclétien et Maximien emploient la même expression pour désigner une action réelle qui néanmoins présente sur certains points quelqu'analogie avec une action personnelle (11).

17.—*Troisième opinion.*—Elle appartient à Savigny, et M⁰ Ortolan l'a adoptée dans son explication des *Institutes de Justinien* (t. III, n⁰ 1962).

L'éminent romaniste part de l'opinion vulgaire et la

(10) § *Sequens illa* 16 *et* § *Ex maleficiis* 18, *Inst. Just., de act.*, 4, 6.
(11) C. *Hæreditatis* 7, C., *de pet. her.*, 3, 31.

---

puisqu'ils protégaient le droit réel de possession. Il est à peine besoin de dire que cette proposition n'est pas repoussée par ce texte d'Ulpien : « *Interdicta omnia, licet in rem videantur concepta, vi tamen ipsa personalia sunt.* » (L. *Videamus* 1 § *Interdicta* 3, D., *de interd.*, 43, 1); le jurisconsulte voulant dire seulement que les interdits sont particuliers aux parties entre lesquelles ils ont été rendus, et qu'ils perdent toute efficacité dans d'autres causes et entre d'autres personnes. — Eh bien ! voilà trouvé le second terme de la division indiquée par le rédacteur des Institutes. Les actions personnelles doubles sont les actions en partage et en détermination des limites, et les actions réelles de même nature seraient les interdits *Uti possidetis* et *Utrubi*, considérés au temps de Justinien comme de véritables actions.

Cette explication serait, il faut l'avouer, plus ingénieuse que solide. Il faut remarquer d'ailleurs que, dans l'opinion de Savigny et de plusieurs jurisconsultes modernes, les interdits se rattachent à la violation d'un droit d'obligation.

seule exacte, qui interprète les expressions des *Institutes* comme attribuant à certaines actions un caractère
mélangé de réalité et de personnalité. Toute la difficulté
consiste à expliquer comment il peut se faire que les
trois actions désignées soient à la fois réelles et personnelles. D'après Savigny, cette qualification de mixte,
entendue en ce sens, aurait été employée, même par les
jurisconsultes des temps classiques. En effet, que pour
qualifier les actions divisoires, on se place au point de
vue de la rédaction de la formule, ou que l'on ne considère que la nature du droit réclamé, sous ces deux
rapports elles sont en même-temps *in rem* et *in personam*.

La formule des actions en partage était plus compliquée
que les autres. Elle avait d'abord une partie rédigée
in personam avec les mots *dare facere oportere*, celle
qui donnait au *judex* mission de vérifier s'il n'était pas
né entre les copropriétaires, à l'occasion de la chose commune, des obligations qui étaient encore à exécuter ;
elle contenait aussi une partie impersonnelle, l'*adjudicatio* ; ainsi conçue : *Quantum adjudicari oportet, judex
Titio adjudicato* (Systèm, t. v, § 216).

Ces actions étaient encore mixtes sous le rapport de
la nature du droit poursuivi. Mais, pour bien comprendre sur ce point la pensée de Savigny, qu'il indique
d'une manière trop concise dans son grand Traité de
Droit Romain (§ 209), il faut auparavant présenter le
véritable sens de deux lois très-importantes : la loi *Hæc
actio 1, § quæ quidem 1, D., fam. erc., 10, 2*, et la loi
Fundi 18, Dig., de except., 44, 1, dont l'explication
rentre du reste dans le sujet de la présente thèse.

18. — Le premier de ces fragments doit être divisé

en deux parties : l'une comprend le commencement jusqu'aux mots *quod si possideat*, l'autre va de ces mots à la fin. Chacune d'elles a trait à une hypothèse différente.

Première partie. — Gaius suppose deux cohéritiers, parmi lesquels un seul possède l'hérédité. Celui qui ne possède pas, intente l'action *fam. erc.*; le fait de la possession n'est en effet d'aucun intérêt pour l'exercice de cette action (12). Le possesseur conteste à l'autre la qualité de cohéritier qu'il s'attribue ; il porte ainsi le débat sur l'existence même de son droit de propriété. Le non-possesseur doit alors abandonner l'action *fam. erc.* pour intenter la pétition d'hérédité, parce que l'instance en partage préjugerait, si elle était suivie, son droit à l'hérédité : ce que la raison et les textes défendent (13). S'il persiste néanmoins dans sa demande, le cohéritier possesseur la paralysera par la *præscriptio : quod præjudicium hereditati non fiat*, et ainsi contraindra son adversaire à rentrer dans les voies d'une procédure régulière.

Seconde partie. — L'hypothèse qu'elle règle est celle de deux cohéritiers qui tous deux possèdent leur part *pro indiviso*. Il est vrai que le jurisconsulte parle au singulier : *quod si possideat eam partem*; mais le pronom *eam* indique la relation de cette proposition avec la précédente. Gaius avait supposé en premier lieu que l'action en partage était demandée par le cohéritier *qui suam partem non possidet*; et maintenant il retourne l'espèce, *quod si possideat eam partem*, c'est-à-

(12) *L. Heredes* 25, § *Quantum* 3, *D.*, *fam. erc.*, 10, 2 ; *l. Comm. div. judicio* 30, *h. t.* — (13) *L. Divus Pius* 5, § *Eorum* 2, *D.*, *de her. pet.*, 5, 3.

dire, celui qu'il supposait d'abord intenter l'action *fam. erc.* Nulle modification n'est apportée du reste au second terme de l'hypothèse : la possession du cohéritier, de celui que le jurisconsulte désigne par ces mots : *is qui possidet.*

Dans ce nouveau cas, si celui contre lequel l'action *fam. erc.* est demandée, nie à l'autre sa qualité de cohéritier, celui-ci ne peut pas recourir à la pétition d'hérédité ; les principes s'y opposent. Car cette action, qui a pour but d'obtenir la restitution des choses et l'exercice des droits héréditaires, n'est donnée qu'à celui qui ne possède pas. Voilà pourquoi la *præscriptio* ne lui sera pas opposée. Autrement, un cohéritier malicieux pourrait à son gré perpétuer indéfiniment l'indivision ; trouvant ainsi dans la procédure le moyen de violer une des règles les plus salutaires d'une bonne législation. Il réunit bien les conditions voulues pour agir par la pétition d'hérédité ; mais, s'il se refuse à l'exercer, la loi romaine ne mettait à la disposition de l'autre aucun moyen juridique pour contraindre son adversaire à l'intenter. Alors, dans le but d'empêcher une manœuvre injuste, on décidait que l'instance en partage serait poursuivie, mais que le *judex* aurait préalablement à vérifier si la partie, dont on niait la copropriété, avait réellement la qualité de cohéritière.

La loi *Fundi* précitée étend ces règles à l'action *comm. div.*

19. L'opinion de Savigny se réduit maintenant à des termes fort simples. En général, les *judicia fam. erc.* et *comm. div.* étaient uniquement fondés sur un droit de créance, droit de contraindre ses communistes au partage et au remboursement des sommes dont ils pou-

vaient se trouver débiteurs. Toutefois, dans un cas exceptionnel, le même *judex* était compétent pour trancher la question de propriété, *an coheres sit*. Cette double compétence se produisait, quand le communiste, qui le premier intentait l'action en partage et dont on niait la copropriété, possédait sa part *pro indiviso*, alors que celui qui lui contestoit sa qualité ne voulait pas recourir à la pétition d'hérédité ou à la revendication. Ce dernier n'était pas admis à empêcher la division en opposant une *prœscriptio*, et le *judex* de l'action en partage statuait en même temps et sur la copropriété des parties et sur leurs réclamations personnelles.

20. Il paraît au premier coup d'œil que c'est là un exemple de ces conciliations ingénieuses, que la sagacité de l'esprit et l'étude attentive des textes peut parfois inventer. Elles surprennent la pensée; mais si on les pèse au point de vue de l'intention probable du jurisconsulte dont on cherche à éclairer les paroles, on découvre à la fois et la science de celui qui les a produites et leur propre inanité.

Bien plus, quoiqu'il soit téméraire de critiquer dans une thèse les opinions d'un romaniste tel que Savigny, alors surtout qu'on ne peut s'autoriser du nom de personne, on est fondé à soutenir que l'interprétation qu'il donne, porte en elle un vice capital : elle généralise le texte des Institutes, et attribue le caractère mixte à presque toutes les actions personnelles, intentées dans certaines circonstances. Toutes les fois qu'une action personnelle préjugera la propriété du défendeur au profit du demandeur, et que celui-ci aura la possession, on verra se reproduire le phénomène juridique, dont l'observation, d'après l'illustre auteur, aurait porté le

3

rédacteur des Institutes à donner aux actions en partage la qualification de mixte. Ainsi, qu'on suppose une *condictio* intentée à l'occasion des fruits d'un fonds ; si le défendeur se prétend propriétaire de ce fonds et qu'il possède, il pourra, par la *præscriptio quod præjudicium fundo non fiat*, forcer son adversaire à intenter l'action en revendication, pour régler préalablement la question de propriété. Telle est précisément l'hypothèse de la loi *Fundi*. Mais dans le cas où le demandeur possède au contraire, comme il n'est plus en position de revendiquer, la *præscriptio* n'est pas possible, et le *judex* de la *condictio* sera aussi compétent pour statuer sur le droit de propriété mis en discussion. Osera-t-on prétendre qu'à l'époque du Bas-Empire, l'action personnelle par excellence, la *condictio*, était considérée comme une action mixte, en présence surtout du § *Appellamus* 15, *Just. Inst.*, *de act.*, 4, 6 ?

21. *Quatrième opinion.* — M. Triaire-Brun, dans la Revue de Droit français et étranger, 1844, p. 449 et 798, a indiqué une interprétation qui explique rigoureusement, ainsi que celle de Savigny, l'expression *tam in rem quam in personam*. Je la reproduis avec tous les développements dont elle est susceptible, et les justifications dont mon esprit, d'abord séduit, s'était plu à l'entourer.

Toutes les actions n'ont pas un caractère si bien dessiné qu'elles apparaissent dès l'abord à un regard inattentif ou superficiel comme purement *in rem* ou purement *in personam*. Certaines notamment, au caractère sûrement personnel, ont été organisées pour une situation réunissant toutes les conditions dans lesquelles une action réelle eût pu prendre naissance ; ce sont les deux actions

divisoires et l'action en détermination des limites. Sous
ce rapport, elles semblent avoir quelqu'analogie avec
les actions réelles, tout en conservant leur véritable
caractère.

Lorsque deux voisins sont en désaccord sur la fixation des limites de leurs fonds, une question de propriété
surgit pour la portion de terrain comprise entre les deux
lignes séparatives prétendues par les parties « *Si quis,*
porte une constitution de Constantin (14), *de finibus
detulerit querimoniam, quæ proprietatis controversiæ cohæ-
ret...* » Et si la loi romaine n'eût pas organisé une
action spéciale pour régler cette situation, le non-possesseur n'aurait pu soutenir sa prétention qu'au moyen
de la *rei vindicatio.* Mais comme il arrive parfois que
les voisins , dont les fonds n'ont pas de limites déterminées , sans se mettre en contestation sur ce point,
veulent néanmoins les faire fixer judiciairement pour
un motif de protection ou de preuve, on avait introduit
l'action *fin. reg.* , à laquelle avaient le droit de recourir
tous ceux qui dans cette fixation désiraient l'intervention
de la justice. On pouvait donc dire, dans le cas où une
lutte juridique devenait nécessaire par la contrariété
des prétentions des parties, que cette action tenait lieu
de la *rei vindicatio.* Elle n'en était pas moins personnelle ; car en l'organisant on l'avait fondée sur le droit
tout personnel de contraindre un voisin au bornage.

Le même caractère s'observe dans les actions divisoires. Quand deux communistes sont en discussion sur
le partage d'une chose commune , l'un réclamant un
lot que l'autre prétend s'attribuer, il y a là une question

(14) C. *Si quis* 3, C., *fin. reg.*, 3, 39.

de propriété ; chacun des co-partageants est en effet
propriétaire pour partie de chaque parcelle du bien
indivis, et en réclamant telle portion de ce bien il se
fonde sur un droit de propriété. On peut dire que toutes
les conditions exigées pour l'exercice de la *rei vindicatio*
se trouvent réunies ; et ce serait même cette action que
les communistes devraient intenter, toutes les fois qu'ils
élèveraient des prétentions divergentes, si la loi romaine
ne présentait pour le réglement de cette situation une
action particulière. Il arrivait souvent en effet que des
personnes parfaitement unies demandaient un partage
judiciaire, soit pour empêcher que des fraudes ne se
commissent à leur préjudice, soit pour éviter les forma-
lités parfois gênantes du transfert de propriété, telles
que des *mancipationes*, des *cessiones in jure* réciproques,
le *judex* recevant dans *l'adjudicatio* pouvoir d'attribuer
à chacun la propriété de son lot par le seul prononcé
de la sentence. Et, dans cette hypothèse, la *rei vindi-*
catio ne pouvait pas se produire, puisqu'il n'y avait
pas contestation. Alors le législateur, reconnaissant à
tout copropriétaire le droit de contraindre son communiste au partage, a introduit pour le faire valoir une
action spéciale, le *judicium fam. erc.* ou le *judicium*
comm. div. suivant les cas ; et cette action, personnelle
comme le droit qu'elle était destinée à exercer, était
générale, applicable à l'hypothèse où les copartageants
étaient en dispute aussi bien qu'à celle où nulle contestation n'existait entr'eux. Mais, dans la première hypothèse, l'action en partage remplaçait, à dire vrai,
l'action réelle en revendication.

Toutefois les jurisconsultes de l'époque classique, qui
apportaient dans l'interprétation des lois une vue si

nette, une connaissance si profonde des principes , ne
virent jamais dans cette situation particulière un motif
suffisant pour attribuer un caractère mixte aux deux
actions divisoires et à celle en détermination des limites.
Au contraire, ils proclamèrent leur véritable caractère,
leur caractère de personnalité, tout en avouant que,
par leur nature spéciale, elles tenaient lieu d'une action
réelle. « *Finium regundorum actio*, dit Paul, *in personam
est, licet pro rei vindicatione est.* » (15) A leurs yeux, en
effet, la division des actions , faite au point de vue du
droit qui leur donne naissance, était simplement bipar-
tite : les actions *in rem* et les actions *in personam* ;
toutes sans exception rentraient dans l'une ou dans
l'autre de ces catégories (16).

Tel était l'état de la question sous la période des
grands jurisconsultes. Mais sous Justinien, les traditions
de leur belle langue juridique s'étaient altérées , en
même temps que tendaient à s'oublier tous les jours
ces distinctions savantes, ces déductions logiques qui
donnent au Droit Romain un caractère éminemment
scientifique. A cette époque de décadence , le rédacteur
des Institutes, découvrant dans l'exercice des trois
actions précitées toutes les conditions qui permettent
d'intenter la *rei vindicatio*, et frappé de cette situation
singulière déjà aperçue par Paul, en a conclu témérairement que ces actions personnelles se rapprochaient
des actions réelles, et il a dit d'elles : *mixtam causam
habere videntur, tam in rem quam in personam*, pour indiquer qu'il n'y avait entr'elles qu'une analogie , ne

(15) *L. Finium* 1, *D., fin. reg.,* 10, 1. — (16 *L. Actionum* 25, *D., de O.
et A.,* 44, 7.

remarquant pas que l'analogie existait , non dans l'action, mais dans la situation où elle se produisait, puisque c'étaient des actions purement, franchement personnelles qu'on avait organisées dans une hypothèse , pour le réglement de laquelle on concevait l'existence d'une action réelle.

En résumé, les expressions qu'on rencontre dans les Instituts, ne sont que la traduction dans le mauvais langage du temps de ce fragment de Paul : « *Fin. reg. actio in personam est, licet pro rei vindicatione est.*»

Cette opinion, quelles que soient les raisons spécieuses sous lesquelles elle s'enveloppe, se réduit en définitive à cette proposition : que les trois actions dont il s'agit, vraiment personnelles, paraissent néanmoins présenter un caractère de réalité, quand il y a difficulté entre les parties sur l'attribution des lots. Ce n'est donc qu'accidentellement , comme dans l'opinion de Savigny, que le *judex* semblera trancher une question de propriété. Or c'est là un vice capital. Il n'est pas probable que les Romains aient rattaché cette qualification de mixte à une circonstance, qui ne pouvait que parfois se rencontrer.

22. *Cinquième opinion.* — Lorsque le rédacteur des Instituts appelle mixtes les actions divisoires et celle en détermination de limites , il se place au point de vue de l'effet des actions qu'il qualifie. Effectivement celles-ci , seules entre toutes , procurent à la fois les résultats de l'*actio in rem* et ceux de l'*actio in personam*.

Elles conduisent d'abord à la satisfaction d'un droit tout personnel, de celui qu'a tout voisin de contraindre son voisin au bornage, de celui qu'a tout communiste de forcer son communiste à la division de la chose commune. De plus, comme dans la revendication, elles ont pour conséquence d'assurer l'exercice d'un droit de propriété. On peut sans doute, niant l'exactitude de cette dernière proposition, objecter que les trois actions dont il est parlé ne présentent point les effets des actions réelles ; que dans celles-ci le *judex* se borne à déclarer l'existence du droit, tandis que, dans l'action *fin. reg.* et dans celles en partage, il crée une propriété qui n'existait pas auparavant. Cette critique est exacte. Cependant il est certain que, quelle que fût la situation juridique des plaideurs antérieure à la sentence, les actions divisoires et la revendication présentent un fait matériel commun, à savoir, la prise de possession d'une chose sur l'ordre du *judex*. D'ailleurs il est possible qu'à l'époque de Justinien, où la précision des idées, la rectitude du langage tendaient à disparaître, on mit sur la même ligne la déclaration judiciaire et la reconnaissance judiciaire d'un droit. Les jurisconsultes eux-mêmes ont parfois appliqué au prononcé d'une sentence dont l'effet était purement déclaratif le mot *adjudicare* qui implique pourtant l'idée d'une attribution de propriété (17).

Cette explication vient d'être donnée par un romaniste à la parole autorisée, par M. Demangeat, dans le second volume de son Cours de droit romain, p. 561.

23. *Sixième opinion.* — Cette opinion, de beaucoup la plus ancienne, puisqu'elle remonte à Cujas, est en même temps celle qui est la plus généralement adoptée. M. Péllat la reproduisait en 1845 dans ses cours sur les Pandectes, et du Caurroy la présente dans ses Instituts

(17) *L. Si fundus* 10. § *Creditor* 5, *D., de pign. et hyp.*, 20, 1; *l. Creditor qui* 12. *D., qui pot. in pign.*, 20, 4.

expliquées (t. II, n° 1238, 8e édit.) ; c'est elle qui m'a été enseignée à Toulouse par M. Gabriel Demante, et que professe son successeur à la chaire de droit romain, M. Humbert; je crois aussi qu'elle est la plus exacte, la seule conforme à la pensée du rédacteur des Institutes de Justinien.

Le mot *causa*, offre dans la législation romaine des acceptions multiples (*Dirksen, Manuale*). Mais parmi elles il en est une qu'il revêt souvent sous la plume des jurisconsultes ; en maints passages, on le trouve employé pour signifier l'objet, le but (18). Tel est précisément le sens qu'il faut lui reconnaître dans l'expression : *mixtam causam habere videntur*. Certaines actions paraissent avoir un but mélangé, c'est-à-dire un double but, de la même manière que d'autres actions sont dites mixtes, en ce qu'elles sont à la fois *rei et pœnæ persecutoriæ*. Les actions divisoires tendent d'abord à l'attribution d'un droit de propriété au moyen de *l'adjudicatio* ; elles tendent aussi à la création ou à la reconnaissance d'un droit personnel au moyen de la *condemnatio :* création, quand le *judex* veut ainsi corriger l'inégalité des lots, simple reconnaissance lorsqu'il se borne à sanctionner les obligations qui existent déjà entre les copartageants. C'est ce qui a fait dire à Ulpien que les actions dont il est parlé embrassent deux objets distincts : des choses à adjuger, et des obligations à créer ou à faire exécuter. *Ex duobus constat, id est rebus atque præstationibus quæ sunt personales actiones* (19).

Cette interprétation offre à un haut degré la qualité

(18) *L. Quum servus* 15, *D., de condict. c. data*, 12, 4 ; *l. Solent* 15, *D., præscr. verb.*, 19, 5 ; § *Fullo* 20, *Paul. Sent., de furtis*, II, 31.

(19) *L. Item Labeo* 22, § *Fam. erc. judicium* 4, *D., fam. erc.*, 10, 2.

qui, de l'aveu de tous les interprètes, est une condition rigoureuse d'exactitude, celle de ne pouvoir convenir qu'à l'action *fin. reg.* et à celles en partage. En effet, le but de toutes les actions était en Droit romain d'obtenir une condamnation ; nulle ne conduisait à l'attribution d'un droit de propriété.

Enfin, cette même interprétation (et l'argument est décisif) se trouve en concordance parfaite avec celle de Théophile, l'un des rédacteurs et le premier commentateur des *Institutes de Justinien* : — « *Habet enim et actionis in rem proprietatem, quatenus de rebus instituitur: namque omnis cohœres ex parte dominus est. Et vero habet personalis actionis effectum ; in hoc enim judicio exquiruntur et in condemnationem veniunt capita quœ actionis personalis, non autem realis, propria sunt, sicuti in libris de judiciis docebimur.*» (Theoph. paraphr., traduct. d'Ottoreitz., 1751). Les actions divisoires sont réelles, nous apprend Théophile, en ce qu'elles ont pour objet la création d'un droit de propriété sur des *res*, attribution qu'il explique en disant que chaque communiste est co-propriétaire de la chose à partager. Elles sont en même-temps personnelles, parce que le *judex* y prononce des condamnations pour des faits dont les conséquences sont d'habitude appréciées dans les actions *in personam*.

Remarque. — Il est une autre action que l'on trouve nommée dans un texte : *mixta personalis actio* ; c'est la pétition d'hérédité (20). Mais le mot mixte est ici pris dans un tout autre sens que dans le § *Quœdam actiones* des *Institutes de Justinien.*

(20) *C. Hereditatis* 7, *C., de pet. hered.*, 3, 31.

D'après Doneau , cette qualification tiendrait aux prestations personnelles que le *judex* avait la faculté d'y ordonner , en même temps qu'il reconnaissait le droit réel du demandeur (21). L'explication est évidemment inexacte ; car elle s'applique de tous points à la revendication d'objets spéciaux qui est cependant l'action réelle par excellence (22). La raison , qui , dans la pensée de Savigny , aurait fait considérer la pétition d'hérédité comme mélangée de personnalité , serait que la personne du défendeur s'y trouve plus déterminée que dans les autres actions réelles , puisque ce n'est pas contre tout possesseur, mais contre celui-là seul qui possède *pro herede vel pro possessore*, qu'elle peut être intentée. — La véritable explication consiste à dire que les empereurs font allusion au droit mis en exercice par la pétition d'hérédité. Toutes les fois qu'elle sera intentée contre un possesseur de droit personnel, c'est-à-dire contre une personne qui en retire les avantages possibles en s'en prétendant titulaire , par exemple contre un débiteur héréditaire qui se dit héritier , et qui résiste à la demande en paiement, soutenant que sa dette a été éteinte par confusion ; dans ce cas qui est susceptible de se produire souvent , la pétition d'hérédité tend à faire reconnaître, non-seulement le droit réel du demandeur sur l'hérédité tout entière, mais aussi indirectement le droit d'obligation qu'il a comme créancier contre le défendeur.— Ce n'est pas à dire pour cela qu'on la regardât comme une action

---

(21) *l. Item veniunt* 20, § *Ait senatus* 17, *l. Ancillarum* 27, § *Sed et pensiones* 1 ; *l. Si quid possessor* 31, § *Quod autem* 5, D., *de her. pet.*, 5, 3.
(22) *L. Non solum* 13, *l. Julianus* 17, § *Idem Julianus* 1, D., *de rei vind.*, 1, 1.

mixte, participant de l'*actio in rem* et de l'*actio in personam*; elle n'était qu'une action réelle (23). Dioclétien et Maximien ont simplement voulu, en indiquant le rapport qu'elle présente avec les actions personnelles, justifier l'application qu'ils lui faisaient d'un des effets particuliers à ces actions, à savoir l'impossibilité de lui opposer la *longi temporis præscriptio* (d).

24. — *Troisième caractère.* — Si l'on recherche maintenant le caractère de l'action comm. div. en se plaçant au point de vue de l'étendue des pouvoirs que la formule conférait au *judex*, elle se présente comme étant de bonne foi.

Les Institutes de Justinien la comptent dans l'énu-

(23) L. *Sed etsi* 25, § *Petitio* 18, D., *de hered. pet.*, 5, 3.

(d) Telle a été l'influence exercée par les lois romaines sur la formation de notre droit, que la qualification de mixte s'y retrouve pour désigner, comme dans les Institutes de Justinien, des actions à la fois réelles et personnelles (C. P. C., art. 59, n° 4). Mais les actions, qui revêtent en droit français ce double caractère, ne sont pas les mêmes qu'en Droit Romain. La preuve de cette proposition résulte de la combinaison des textes suivants : C. P. C., art. 59, n°s 4, 5 et 6 ; C. N., art. 822 et 1872, et de l'opinion universelle et incontestée que les actions en bornage ne peuvent être exercées que devant le Tribunal de la situation des immeubles. Les actions mixtes de notre législation sont renfermées dans cette formule qui les résume toutes : ce sont celles qu'on intente contre un obligé pour acquérir un droit de propriété, telles que les actions en réméré, en rescision de vente pour vilité du prix, en résolution pour cause d'inexécution des charges, telles aussi que les actions tendant à obtenir la possession d'une chose vendue, quand cette chose est un corps certain.

mération qu'elles donnent de ces actions (24); mais
elle apparaît dans les textes avec ce caractère à une
époque bien antérieure. Sans doute elle ne figure pas
encore dans la liste que nous a laissée Cicéron (25);
et, s'il fallait en donner le motif, on le trouverait dans
l'hypothèse qui a été exposée dans le n° 21 pour l'explication des actions mixtes; on la confondait encore, quant
à l'étendue des pouvoirs accordés au *judex*, avec la
rei vindicatio, d'où elle était sortie, et qu'elle remplaçait dans la plupart des cas; or il est certain que
dans l'action en revendication, l'insertion de l'*exceptio
doli*, trait caractéristique des actions de droit strict,
était indispensable (e). Mais déjà Sabinus, Nerva et
Atilicinus, qui écrivaient sous les empereurs de la
famille d'Auguste (14-69, p. C.), Julien qui vivait sous
Adrien et Antonin-le-Pieux (117-161 p. C.), Ulpien, le
conseiller et l'ami d'Alexandre Sévère (222-235 p. C.)
lui reconnaissent les effets des actions de bonne foi.
Si Gaius, postérieur à la plupart de ces jurisconsultes, ne la mentionne pas parmi elles (26), on ne peut
se l'expliquer que de ces deux manières : ou bien les
lacunes, que le manuscrit contient en cet endroit, em-
pêchent de découvrir l'action *comm. div.* qui s'y trou-

---

(24) § *Actionum* 28, *Just. Inst.*, *de act.*, 4, 6. — (25) *De offic*, *III*, 15,
17. — (26) § *Sunt autem* 62, *G. I.*, *IV.*

(e) Ce qui confirme la justesse de ces pensées, c'est que plus
tard on voit Paul, parlant de l'exception de dol, opposer précisément l'action *comm. div.* à la revendication, pour dire qu'il n'est
pas besoin de l'insérer dans la première, parce qu'elle est de
bonne foi (*l. In hoc judicium* 14 § *Impendia* 1, *h. t.*).

vait citée ; ou bien on controversait encore à cette
époque sur le véritable caractère de cette action. Le
désaccord des jurisconsultes en cette matière est attesté
par les textes. C'est ainsi que le même Gaius, qui paraît peu porté à étendre les pouvoirs du *judex*, s'obs-
tinait à maintenir la pétition d'hérédité au nombre
des actions de droit strict (27), alors que Scévola,
Javalénus et Paul la regardaient comme une action
de bonne foi (28).

25. Voici quelques conséquences, indiquées dans le
Digeste, du caractère de bonne foi, qui appartient à
l'action *comm. div.*

1° Gaius nous apprend que, si un demandeur n'a
fait valoir qu'une partie de son droit, quand plus
tard sous le même préteur il veut exercer l'autre,
le défendeur a un moyen de repousser sa nouvelle
action en lui opposant l'exception *litis dividuæ* (29).
— Ce principe ne s'applique pas au *judicium comm.
div.* Sans doute cette action doit comprendre toutes
les choses indivises (30) ; mais, si l'une d'elles a été
omise dans le partage, il ne sera pas permis de pa-
ralyser l'action, quoiqu'intentée pour la seconde fois,
au moyen de l'exception *litis dividuæ* (31).

2° C'est une règle bien connue de la législation
romaine que les droits, survenus depuis l'instance
engagée, ne sont pas regardés comme compris dans
cette instance, et qu'une nouvelle action est nécessaire pour les faire valoir (32). La mission du *judex*

<hr/>

(27) *L. Utiles* 39, § *Videamus* 1, D., *de her. pet.*, 5, 3. — (28) *L. Plane*
38 ; *l. Quum is qui* 44 ; *l. Filius a patre* 58, eod. — (29) § *Dilatoriæ* 122,
G. I., IV. — (30) *L. In judicium* 13, h. t. — (31) *L. Per hoc judicium* 1,
§ *Hoc judicium* 2, h. t. — (32) *L. Non potest* 23, D., *de jud.* 5, 1.

se borne à accorder au demandeur tout ce qu'il aurait
eu, mais seulement ce qu'il aurait eu, si justice avait
pu lui être rendue à l'instant même de la *litis con-
testatio*. — Toutefois le *judex* de l'action *comm. div.*
pourra s'occuper des dépenses faites ou des profits
recueillis sur la chose commune par un des copropriétaires après la délivrance de la formule (33). Cette
compétence ne trouve sa cause que dans le caractère
d'équité qui est reconnu à cette action.

III° Une personne, qui a fait de bonne foi des
impenses sur la chose d'autrui, doit, pour en obtenir
le remboursement, demander au magistrat l'insertion
dans la formule de l'exception de dol, lorsque le véritable propriétaire l'attaque en revendication. — Semblable nécessité ne lui est pas imposée, quand elle a
fait des impenses sur une chose, dont elle croyait avoir
le domaine exclusif, alors qu'elle en est simple copropriétaire. On verra plus loin (n° 86) que, si elle poursuit elle-même le partage, elle n'est pas fondée à
réclamer une indemnité, parce qu'en faisant ces impenses elle n'a entendu obliger personne (34); mais,
dans le cas où ce serait contre'elle que l'action *comm.
div.* serait mise en exercice, elle peut alors rentrer
dans ses frais par voie de rétention, sans avoir recours à l'exception de dol (35).

IV° Tout ce qu'acquiert l'esclave commun appartient à tous les copropriétaires, à chacun pour sa part,
excepté dans deux cas : d'abord quand il déclare ac-

(33) *L. Si quis putans* 6, § *Si quid* 3, § *Sed et partum* 4, § *Sed et accessio-
nem* 5, *h. t.*
(34) *L. Si quis quum* 29, pr., *h. t.* — (35) *L. In hoc judicium* 14, § *Impendia* 1, *h. t.*

quérir pour l'un de ses maîtres nommément, et puis lorsqu'il acquiert sur l'ordre de l'un d'eux (36). L'acquisition profite donc à tous, alors même qu'elle a été faite avec la chose de l'un des communistes, par exemple de ses deniers. — Cependant, comme ce résultat choque l'équité, le *judex* puisera dans le caractère de bonne foi du *judicium comm. div.* le droit de le corriger en permettant au communiste de prélever le prix de l'acquisition (37) (*f*).

V° Dans les actions de droit strict, le *judex* n'a mission d'apprécier que l'obligation unilatérale du défendeur, et il le condamne à payer sa dette sans tenir compte de celles dont le demandeur peut être tenu envers lui. — L'équité réprouve cette rigueur (38). Aussi, dans l'action *comm. div.*, le *judex*, prenant en considération les obligations réciproques de tous les communistes, pouvait les compenser, sans qu'il fût nécessaire que la formule lui accordât ce pouvoir de compensation (39).

VI° Enfin, quand un communiste a fait des dépenses

(36) § *Communem* 3, *Just. Inst.*, *per quas pers. nob. obl. adq.*, 3, 28. — (37) *L. Communis* 24, *pr.*, *h. t.*
(38) § *In his quidem* 63, *G. I.*, *IV.* — (39) *L. Mœvius* 52, § *Arbiter* 2, *D.*, *fam. erc.*, 10, 2.

(*f*) Il faut remarquer dans ce texte l'expression *fidei bonæ*, dans laquelle l'épithète suit le substantif. Julien, un des plus anciens jurisconsultes dont on retrouve des fragments insérés au Digeste, a emprunté le style d'une vieille formule de droit qui servait à désigner les actions de bonne foi (V. Cic., *top.*, c. 17; *de off.* III, 15, 17). Déjà au temps de Gaius, il était dans l'usage de placer l'épithète avant le substantif.

sur la chose commune et qu'il les répète contre ses cointéressés par l'action en partage, il a le droit d'en réclamer en même temps les intérêts, courus du jour de la mise en demeure (40), par application du principe : *in bonæ fidei contractibus ex mora usuræ debentur* (41).

Les textes, fournis à l'appui de ces deux dernières solutions, ne parlent, il est vrai, que de l'action *fam. erc.* ; mais nul doute qu'on ne puisse les étendre au cas de l'action *comm. div.* (42).

26. *Quatrième caractère.* — L'action *comm. div.* est *rei persecutoria*, quand même elle serait intentée contre un communiste qui, par son dol ou sa faute, a détérioré la chose indivise , elle ne tend jamais qu'à la réparation du préjudice causé, *quod ex patrimonio abest*. Aussi sa *condemnatio* est-elle toujours conçue *in simplum* (43).

27. Maintenant que la nature et les divers caractères de l'action *comm. div.* nous sont parfaitement connus, nous pouvons tenter la reconstruction de sa formule en nous aidant des travaux de Rudorff.

Les formules d'actions ne contenaient d'ordinaire que trois parties : la *demonstratio*, l'*intentio* et la *condemnatio*. Le trait caractéristique des actions en partage et de celle en détermination des limites est d'en offrir une de plus, l'*adjudicatio*. — Et d'abord, pour la *demonstratio*, son existence s'induit de ce texte de Gaius : « *Demonstratio autem et adjudicatio et condemnatio nunquam solæ inveniuntur* » (44). Souvent il arrivait que la formule

---

(40) *L. His consequenter* 18, § *Sumptuum* 3, *eod.* — (41) *L. Mora* 32, § *In bonæ* 2, *D., de usur. et fruct.*, 22, 1. — (42) *L. Si quis putans* 6, § *Cœtera* 11, *h. t.* — (43) *L. Damno* 17, *D., fam. erc.*, 10, 2. — (44) § *Non tamen ista* 11, *G. I., IV.*

dès actions en partage avait une *adjudicatio* sans condemnatio ; il en était ainsi lorsque la nature des choses
indivises était telle que la valeur des lots devait se ba-
lancer, et qu'il n'y avait pas de *præstationes* à faire
exécuter. Or, comme l'*adjudicatio* n'allait jamais seule,
on est forcé d'admettre que la *demonstratio* entrait dans
la composition de la formule. — Il est une autre raison
qui établit la nécessité de cette *pars formulæ*. On sait
déjà que le *judex comm. div.* avait pouvoir de faire entre les communistes le règlement de leurs obligations
réciproques. Or les condamnations qu'il prononçait à cet
égard n'étaient nullement préparées par l'autorisation
d'adjuger; tout au plus, l'*adjudicatio* suffisait pour expliquer les condamnations aux soultes en vue de rétablir
l'égalité entre les copartageants. Il fallait donc que le
magistrat fît connaître au *judex* le fait juridique, source
de ces créances et de ces dettes ; tel était le but de la
demonstratio. — Elle devait être à peu près conçue en
ces termes : *Quod fundus Cornelianus Primo cum Secundo
communis est.*

Gaius nous a conservé la formule qui conférait au
judex le pouvoir d'adjuger : *Quantum adjudicari oportet,
judex Titio adjudicato* (45).

Quant à l'*intentio*, Heffter a nié son existence dans
les actions en partage, mais son sentiment est contraire
à la décision des textes qui reconnaissent à ces actions
le caractère de bonne foi, actions dont le trait essentiel
est de contenir, insérés dans l'*intentio* , les mots *ex fide
bona.*

Suivant les conjectures de Rudorff, l'*intentio*, l'*adjudi-*

(45) § *Adjudicatio* 42, *eod.*

4

catio et la *condemnatio* des actions divisoires s'enchevê-
traient les unes dans les autres, et le savant Allemand
a proposé la construction suivante : « *Quantum in eo loco,
de quo agitur alteri ab altero adjudicari, alterumve alteri
condemnari oportet ex fide bonâ, tantum judex alteri ab
altero adjudicato tantive alterum alteri condemnato.* »

CHAPITRE TROISIÈME.

Du sujet actif de l'action communi dividundo.

28. Pour qu'une personne puisse intenter l'action
comm. div., il faut qu'il existe une certaine relation juridique entr'elle et une chose indivise, soit que l'indivision procède d'un contrat de société, soit qu'elle ait
sa source dans un fait accidentel ou dans un *communiter
gestum* (n° 6, *note e*) (1). — Formule générale qui comprend même le cas d'indivision naissant d'une hérédité
légitime ou testamentaire.

Ainsi l'action *comm. div.* compète, non-seulement aux
associés, non-seulement aux communistes (*stricto sensu*),
mais encore aux cohéritiers. Pour ceux-ci toutefois la
question paraît faire difficulté.

Des textes il résulte, dit-on, que l'action *fam. erc.* et
l'action *comm. div.* avaient une sphère d'application
tout-à-fait différente, restreinte pour la première au
partage de biens communs à titre héréditaire, pour la
seconde s'étendant aux biens communs à tout autre titre, et que jamais l'une de ces actions n'empiétait sur
le domaine de l'autre, si ce n'est dans le cas exception-

_____

(1) L. *Nihil autem* 2, *pr.*, *h. t.*

nel où le *judex fam. erc.* aurait omis de partager un
ou plusieurs objets déterminés de la succession (n° 3,
III°) (2). — Il est vrai que Paul semble avancer que le
judicium comm. div. pouvait être délivré entre cohéritiers (3). Mais l'économie du fragment démontre que le
jurisconsulte ne parlait de cette action, dans l'hypothèse
de cohéritiers, que pour l'appliquer à des choses qui
étaient entr'eux indivises à tout autre titre qu'à titre
successoral. — On ne saurait non plus, ajoute-t-on,
puiser une objection sérieuse dans la l. *Quibus casibus*
34, D., *pro socio.* 17, 2. Evidemment Gaius y fait allusion au cas où par exception le *judicium comm. div.*
peut être exercé au sujet de biens héréditaires omis
dans le partage opéré sur l'action *fam. erc.* (4).

Ainsi raisonnent quelques commentateurs. Le sentiment contraire est pourtant préférable ; il repose sur
des arguments pleins de force et des textes probants.

Sans doute l'action *comm. div.* ne serait pas valablement intentée pour diviser une hérédité prise en bloc
(5), le *judex fam. erc.* seul est alors compétent (6) ; et
voilà pourquoi le rédacteur des Institutes paraît dire
qu'il n'y a que cette dernière action qui puisse être
donnée entre cohéritiers, *scilicet de dividenda heredi-
tate* (7). Mais pour les objets d'une succession considérés isolément, il est constant que l'exercice de l'action
comm. div. est parfaitement légitime, encore que le *ju-*

---

(2) § *Item si inter* 3, § *Idem juris* 4, *Just. Inst.*, de obl. quasi ex contr.,
3, 27; § *Quædam actiones* 20, *Just. Inst.*, de act., 4, 6. — (3) *L. Inter coheredes* 44, pr., D., *fam. erc.*, 10, 2.
(4) *L. Si filia* 20, § *Familiæ* 4, *eod.* — (5) *L. Per hoc judicium* 4, pr., h.
t. — (6) *L. Per familiæ* 2, pr., D., *fam. erc.*, 10, 2.
(7) § *Quædam actiones* 20, *Just. Inst.*, de act., 4. 6.

dicium fam. erc, n'ait pas déjà été employé, encore même qu'il ne le soit pas du tout.

C'est ainsi que Modestin, recherchant s'il est permis de procéder au partage d'un fonds, indivis entre deux cohéritiers, qui a été rendu en partie *religieux*, se pose la question et pour l'action *comm. div.* et pour l'action *fam. erc.*, en des termes qui forcent à reconnaître que, pour la division d'une hérédité, l'emploi de l'une ou de l'autre de ces actions était au choix des parties (nᵒ 4, IIᵉ) (8).

C'est ainsi que Paul dit formellement que le *judicium comm. div.* est valablement exercé entre un héritier et un légataire pour partager la chose léguée, sur laquelle l'héritier a droit de retenir le quart en vertu de la loi Falcidie (9), c'est-à-dire dans un cas où s'appliquait aussi l'action *fam. erc.* (10), ce qui démontre qu'exactement dans la même hypothèse ces deux actions pouvaient concourir.

Si du reste on parcourt la suite des fragments qui composent le titre *communi dividundo,* on y voit que la sphère d'application de cette action est si générale qu'elle n'exclut pas le cas d'une hérédité. Le *judex comm. div.* est compétent toutes les fois qu'il y a *res communis,* une ou plusieurs choses déterminées indivises. Peu importe, dit Gaïus (11), que l'indivision procède ou non d'un contrat de société; et Ulpien ajoute que l'indivision prend naissance en dehors de tout contrat de société, *ut puta quum non affectione societatis*

---

(8) L. *Fundus* 30, D., *fam. erc.*, 10, 2. — (9) L *Etsi non omnes* 8, § *Si incertum* 1, *h. t.* —(10) L. *Si ex asse* 40; *l. Sed et ejus* 21, § *Familiæ* 1, D., *fam. erc.*, 10, 2.— (11) L. *Nihil autem* 2, *h. t.*

incidimus in communionem, veluti si HEREDITAS *vel donatio communiter nobis obvenit* (12).

L'opinion contraire ne se soutient qu'en dénaturant les textes. Pourquoi introduire dans la l. *Inter coheredes 14, pr., D., fam. erc.*, cette idée : que les choses, qui se trouvent indivises entre les cohéritiers, le sont à un autre titre qu'à titre héréditaire? La pensée du jurisconsulte, qui a été plus haut indiquée (nº 4, 1º), est facile à découvrir sans un remaniement arbitraire. Pourquoi aussi restreindre la portée de la loi *Quibus casibus*, alors que les termes qu'elle emploie sont aussi généraux que possible?

29. L'action *comm. div.* compète donc à tout communiste; son exercice exige néanmoins quelques conditions chez la personne.

Dans la rigueur des principes, afin de pouvoir l'intenter, le communiste doit avoir, relativement à la chose commune, la revendication civile ou prétorienne. En conséquence, elle appartient aux propriétaires (13) et aux possesseurs qui sont en droit d'exercer l'action publicienne (14).

30. Par extension, on l'accorde, sous le nom de *judicium comm. div. utile* à ceux qui, selon l'expression des textes, ont une *justa causa possidendi*. Ces mots doivent être entendus ici *secundum subjectam materiam*. Assurément ils ne signifient pas une possession fondée sur un fait juridique démontrant chez les parties l'intention de transmettre et celle de recevoir la propriété;

(12) L. *Ut sit pro socio* 31, D., *pro socio*, 17, 2. — (13) L. *Per hoc judicium* 1, pr., D., *h. t.* — (14) L. *Comm. div judicium locum* 1, § *Qui in rem* 2, *h. t.*

car cette action, nous dit Ulpien (15), compète aux colégataires envoyés en possession de la chose léguée à terme ou sous condition, *est enim justa causa possidendi custodiæ gratia*. Il faut prendre ces mots dans le sens d'une possession dont le motif est conforme aux règles de la justice.

31. Ainsi, l'action *comm. div. utilis* est valablement intentée entre créanciers qui ont reçu en gage la même chose et qui la possèdent en commun, s'ils veulent la partager pour en rendre la possession plus commode pendant la durée du gage (16); — entre usufruitiers (17); — entre superficiaires (18); — entre possesseurs d'*agri vectigales* (19), auxquels il faut joindre, par analogie de situation, les possesseurs de *fundi emphyteuticarii* (a).

(15) L. *Comm. div. judicium locum* 7, § *Item si duo* 8, h. t. — (16) L. *Comm. div. judicium locum* 7, § *Si duo sint* 6, h. t. — (17) L. *Comm. div. judicium locum* 7, § *Sed et si* 7, h. t. — (18) L. *Ait prætor* 1, § *Et si duobus* 8, D., *de superf.*, 43, 18. — (19) L. *Comm. div. judicium locum* 7, pr., h. t.

(a) On lit dans Pothier (ad Pand., t. fam. erc. et comm. div., n° 7), qui paraît du reste avoir suivi l'interprétation universellement admise, que les possesseurs d'*agri vectigales* ont l'action directe, proposition qui doit s'étendre, si elle est vraie, aux superficiaires et aux possesseurs de *fundi emphyteuticarii* dont la position est identique sous ce rapport. Les raisons, qui militent en faveur de cette opinion, sont sérieuses. Il est constant d'abord qu'elle compète à ceux qui ont le droit d'intenter l'action publicienne. La l. *Comm. div. judicium locum* 7 § *Plane* 9, D., de notre titre, porte en effet que la personne, qui, après l'envoi en possession *custodiæ causá*, a reçu du préteur l'ordre de posséder sur le refus persistant du propriétaire de fournir la

32. On la donne encore aux personnes envoyées en possession par le préteur, telles que des colégataires envoyés en possession de la chose léguée pour la conservation de leurs droits éventuels, telles encore que des femmes enceintes qui, après la mort de leur mari, ont été envoyées en possession des biens héréditaires en faveur de l'enfant simplement conçu, *ventris nomine* (20). Pour la réalisation de ce dernier cas, il faut supposer qu'un mari se sépare par le divorce d'une

(20) L. *Comm. div. judicium locum* 1, § *Item si duo* 8, *eod.* !

---

caution *damni infecti*, n'a pas besoin de recourir à *l'actio utilis*, *quum vindicationem habere possit* ; ce qui lui permet d'intenter l'action directe. Or les possesseurs *d'agri vectigales*, et autres possesseurs analogues ont reçu du préteur, pour sauvegarder leur possession, une action réelle introduite à l'imitation de la revendication civile (*l. Agri civitatum* 1 § *Qui in perpetuum* 1, D., *si ager vect.*, 6, 5; — *l. Sed si pecunia* 3 § *Si jus* 4, D., *de reb. eor. qui sub. tut.*, 27, 9 ; — *l. Ait prætor* 1 § *Qui superficiem* 1, D., *de superf.*, 43, 18.). Ils ont donc une revendication prétorienne, exactement comme les possesseurs protégés par l'action publicienne, — Quoi qu'il en soit, je crois que l'action *comm. div.* directe leur était refusée, Ulpien le dit expressément pour le superficiaire (*l. Ait prætor* 1 § *Et si duobus* 8, D., *de superf.*, 43, 18), et cette solution, par identité de raison, doit être étendue aux possesseurs *d'agri vectigales* et de *fundi emphyteuticarii*. L'omission du mot *utile* dans la loi *Comm. div. judicium locum* 7, pr., *h. t.*, ne peut venir que d'une suppression opérée par Tribonien à une époque où la distinction des actions directes et des actions *utiles* était proscrite comme une subtilité de l'ancien droit. On va voir que ce n'est pas la seule interpolation que Tribonien ait fait subir au texte de la loi *Comm. div. judicium locum.*

femme enceinte , qu'il se remarie , et qu'avant l'accou-
chement de sa première épouse il meure, laissant enceinte aussi sa seconde femme.

33. Elle appartient enfin, toujours comme *actio utilis*
aux possesseurs qui , attaqués en revendication , ont
juré , sur la délation de serment faite par l'adversaire,
rem petitoris non esse. Un serment, prêté en ces termes ,
n'engendre en leur faveur aucune action en revendication, ni civile, ni prétorienne (21) ; mais leur possession
est juste. C'est probablement cette hypothèse que ré-
glait le § *Ex quibusdam* 3 de la l. *comm. div. judicium
locum* 7 de notre titre ; Tribonien y en a substitué une
nouvelle, et cette altération a rendu le texte inintelli-
gible. *Il y a lieu*, dit-il , à *l'action comm. div. utilis,
quand deux personnes possèdent la même chose pour cause
de paiement de l'indû.* Proposition impossible à justifier ;
car, de deux choses l'une : ou celui qui a payé indue-
ment a livré sa propre chose , et alors la personne qui
l'a prise en est devenue propriétaire, puisque l'action
que donne contr'elle la loi romaine est une *condictio* ;
ou bien il n'avait pas la propriété de la chose qu'il
cédait en paiement, et celui qui en a reçu la possession a droit à l'action publicienne , s'il était de bonne
foi (et c'est là du reste la seule supposition possible
dans l'espèce ; car l'existence de la mauvaise foi ren-
drait la possession injuste, et partant mettrait obstacle
à l'exercice de l'action *comm. div.*, soit directe, soit
utilis). Or, dans l'un et dans l'autre cas, il y a lieu à
l'action *comm. div.* directe. Ce texte porte donc en lui
la preuve d'une interpolation évidente. Le jariscon-

(21) L. *Sed et si* 7, § *Si petenti* 7, D., *de publ. in rem. act.*, 6, 2.

sulle avait écrit : *ut puta ex causa jurisjurandi res pos-sideatur*, et , par inadvertance , les compilateurs du Di-geste ont à ces mots substitué les suivants : *ex causa indebiti soluti. (Cujas, Rec. sol. ad. t. comm. div., col. 641, édit. Colombet, Paris, 1627).*

34. Au contraire, on refuse toute action *comm. div.* à ceux qui possèdent injustement, tels que les usurpa-teurs de la chose d'autrui (*prædones*), les personnes dont la possession est entachée de violence ou de clandestinité (22).

35. Par exception , et pour des motifs spéciaux, on la refuse même à certains possesseurs qui peuvent in-voquer une *justa possessio.* Ainsi la possession précaire est conforme aux règles de la justice, puisque les pré-caristes tiennent la chose de la volonté du maître ; néanmoins elle ne donne pas droit à l'action *comm. div.*, par la raison que, cette possession étant unique-ment fondée sur le libre arbitre du propriétaire et pouvant dès lors cesser à tout instant, il ne vaut pas la peine d'organiser une instance en partage pour ré-gler une situation aussi fragile. « *Precaria possessio* , disait Ulpien dans sa langue aussi expressive que laconique, *justa quidem, sed quæ non perga ad judicii vigorem* (23). »

36. On ne l'accorde pas non plus aux fermiers et aux dépositaires qui détiennent en commun (24). Le motif s'en tire de l'intention du propriétaire, qui, en confiant sa chose en dépôt ou en la louant à plusieurs personnes, a dû compter sur leur activité collective

<hr>

(22) *L. Comm. div. judicium locum 7, § Inter prædones 4, h. t. — (23) L. Comm. div. judicium locum 7, § Inter prædones 4, h. t. — (24) L. Comm. div. judicium locum 7, § Neque colonis 11, h. t.*

pour la garde de la chose entière ; le résultat de l'action en partage, contraire à sa volonté, porterait atteinte à ses droits.

CHAPITRE QUATRIÈME.

De l'objet de l'action communi dividundo.

37. Cette action avait un double objet : le partage des choses communes, et le réglement des obligations existant entre communistes. *Ex duobus constat, id est rebus atque præstationibus, quæ sunt personales actiones* (1). De ces deux objets, le premier est principal, le second simplement accessoire et accidentel (n° 63).

1° Res.

38. Toutes les choses, corporelles ou incorporelles, sauf exception, peuvent faire l'objet de l'action *comm. div.*, pourvu qu'on les prenne dans leur individualité, qu'elles ne soient pas hors du commerce, et enfin qu'elles soient communes. — Tel est le principe général qui domine la matière.

Par conséquent les *res per universitatem*, comme une hérédité (2), les terrains *religieux* (3), ne sont pas susceptibles de lui donner naissance.

Par conséquent encore dans cette action n'entre pas, parce qu'elle n'est pas commune, la chose que le défunt a donnée en gage à son créancier, et qu'à l'échéance de la dette celui-ci a vendue à l'un des héritiers (4).

---

(1) L. *Item Labeo* 24 § *Familiæ* 4, D., *fam. erc.*, 10, 2; l. *In communi* 3, pr., h. t. — (2) L. *Per hoc judicium* 4, pr., h. t. — (3) L. *Fundus mihi* 30, D., *fam. erc.*, 10, 2. — (4) L. *Qui cohæredes* 11, h. t.

Ses cohéritiers ne pourront le contraindre à la partager, en offrant de l'indemniser, jusqu'à concurrence de leur part dans la dette, du prix qu'il a payé.

Elle n'est pas non plus donnée pour des choses que l'un des communistes a acquises en son propre nom, encore que ce fût en échange d'une valeur appartenant à tous (5). L'indivision, condition essentielle à l'exercice de cette action, manque dans l'espèce, puisque l'acquisition, faite avec l'argent d'autrui, profite, non au propriétaire des deniers, mais à l'auteur de l'acquisition (6).

39. C'est au même principe qu'il faut rattacher certaines solutions fournies par les textes dans les cas de mélange et de confusion.

Quand des objets, qui sont la propriété de plusieurs personnes, ont été mélangés, on ne peut agir *comm. div.*, pour partager le résultat du mélange, qu'autant qu'il a été opéré du consentement de tous les propriétaires ; c'est alors seulement qu'il constitue une chose commune. Dans le cas contraire, comme les objets n'ont pas cessé d'exister en nature, chacun demeure propriétaire de ceux qui lui appartiennent, et il y a lieu, non à l'action *comm. div.*, mais à la revendication (7).

Dans l'hypothèse de la confusion, qui n'est autre chose que le mélange de corps liquides ou de corps réduits à l'état liquide, les solutions précédentes se modifient un peu. La confusion donnera naissance à l'action *comm. div.*, d'abord toutes les fois qu'elle aura été opérée du commun accord des propriétaires, et

(5) *C. Si patruus* 4, *C., comm. utr.*, 3, 38. — (6) *L. Qui aliena* 8, *C.; si quis alt. vel sibi*, 4, 50. — (7) *§ Quod si frumentum* 28, *Just. Init., de rer. div.*, 2, 1 ; *l. Idem Pomponius* 5, *pr., D., de rei vind.*, 6, 1.

même quand elle sera le produit du hasard ou le fait d'un tiers, pourvu qu'alors il soit impossible de séparer les choses confondues (8).

Lorsqu'un arbre né sur les limites de deux fonds contigus est arraché, ou qu'un bloc de pierre qui s'étend sous l'un et sous l'autre est enlevé, les Romains, par assimilation de ce cas à celui de la confusion, décident que cet arbre ou ce bloc sont choses communes, appartenant par indivis aux deux voisins. Et voici par quel raisonnement. Tant que ces objets adhèrent au sol, la part de propriété, qui revient à chacun d'eux, se trouve déterminée par la ligne séparative des deux fonds contigus ; mais, lorsqu'ils en sont détachés, cette détermination cessant, il y a confusion des deux parts de propriété qu'ils avaient sur ces choses avant leur séparation (9).

10. Il faut encore considérer comme communs, et par suite comme donnant ouverture à l'action *comm. div.* les esclaves héréditaires que le préteur avait désignés pour le service de pupilles (10). A Rome, il entrait dans les attributions du préteur de prendre les mesures que nécessitait la garde des pupilles, et souvent il attachait au soin de leurs personnes certains esclaves de leur père défunt. Lors du partage de l'hérédité, le *judex* laissait indivis ces esclaves, et n'en faisait l'objet d'aucune *adjudicatio*, respectant l'affectation du préteur. Mais quand les pupilles avaient atteint l'âge de puberté, la cause qui avait maintenu jusque-là l'état d'indivision

(8) § Si duorum 27, Just. Inst., de rer. div., 2, 1 ; l. Marcellus 3 § Pomponius 2; l. Idem Pomponius 5, § Idem scribit 1, D., de rei vind., 6, 1.
(9) L. Arbor 19, pr., h. t.; l. Illud quærendum 83, D., pro socio, 17, 2.
— (10) L. Bina mancipia 81, h. t.

n'existant plus, on pouvait désormais procéder au partage, et la seule action qu'il fût dans ce but permis
d'intenter, était le *judicium comm. div.*; car l'action
fam. erc. était insusceptible d'être exercée deux fois
(n° 3, III°).

41. Les textes mentionnent spécialement, comme
pouvant aussi faire l'objet de l'action *comm. div.*, le
mur appartenant indivisément aux deux propriétaires
des terrains qu'il sépare (*paries communis*). Cette indivision prenait naissance de diverses manières : soit
lorsqu'un mur avait été légué conjointement à plusieurs,
soit lorsque deux corps de logis, dont un mur était
l'unique séparation, avaient formé l'objet d'un legs s'a-
dressant à deux personnes différentes (11), soit quand
deux voisins avaient construit de concert une muraille
sur les confins de leurs champs (12), ou qu'un seul
l'avait fait élever, agissant au nom des deux, avec la
pensée ou de répéter contre l'autre la moitié des frais
ou de ne lui rien réclamer *donationis causa* (13).

42. Le principe : que tout bien commun donne ouverture à l'action *comm. div.*, recevait exception, dans
le cas où la chose indivise était une de celles qui s'ap-
précient au poids, au nombre ou à la mesure, quand
par exemple elle consistait en une somme d'argent (14).
Il est vrai qu'une analyse rigoureuse de la situation
amènerait à dire que chaque communiste a droit à une
portion indéterminée de chaque écu, et que cet état

---

(11) *L. Si is qui* 4, D.; *de serv. leg.*, 33, 3. — (12) *L. Quum duobus* 52,
§ *Item Mela* 13, D., *pro socio*, 17, 2.
(13) *L. Si meo* 22, *h. t.* — (14) *L. Actione* 65; § *Si communis* 14, D.,
pro socio, 17, 2; l. *Quum Stichus* 29; l. *Si is cui* 94, § *Si autem* 1, D.,
de solut., 46, 3.

d'indivision implique la nécessité d'un partage. Cependant, comme les choses de cette espèce s'équivalent parfaitement, et que leur prix, indépendant de leur individualité, consiste uniquement dans leur quantité, les jurisconsultes romains abandonnaient la déduction logique qui conduisait à une division matérielle de chaque écu, et ils disaient que le détenteur de la somme était simplement constitué débiteur envers ses cointéressés de la part qui leur revenait. C'étaient les actions ordinaires, la *condictio*, l'action *pro socio*, que ceux-ci devaient employer pour rentrer dans ce qui leur était dû.

43. Ce n'était pas seulement pour des choses corporelles qu'on pouvait exercer l'action *comm. div.*; on l'intentait encore valablement à l'occasion de choses incorporelles, telles que les droits de gage (15), d'usufruit (16), d'usage (17).

44. Quant aux servitudes prédiales, elles n'étaient pas susceptibles de faire l'objet de l'action en partage, attendu que l'indivision ne se conçoit pas pour elles. Quand le fonds, à qui une servitude est due, appartient à plusieurs par indivis, chacun d'eux, étant propriétaire d'une portion indéterminée du tout comme de chaque molécule du fonds, a droit à la servitude entière, parce qu'elle est due à tout le fonds et à chacune de ses parties. *Est tota in toto, et tota in qualibet parte* (18). Or ce droit *in solidum* est exclusif de l'existence de l'indivision. Pour qu'une chose en effet soit vraiment indi-

(15) *L. Comm. div. judicium locum* 7, § *Si duo* 6, h. t. — (16) *L. Comm. div judicium locum* 7, § *Sed et si* 7, h. t. — (17) *L. Item quamvis* 10, § *Si usus* 1, h. t.
(18) *L. Loci* 4, § *Si fundus* 3; l. *Et si forte* 6, § *Si ædes* 4, D., *si serv. vind.*, 8, 5.

vise, il est essentiel que chaque communiste n'ait qu'une part du tout comme une part de chaque molécule, en autres termes qu'il n'ait qu'une fraction indéterminée de la propriété entière de cette chose. Cette différence entre le droit solidaire et le droit indivis est très-bien mise en lumière par Ulpien dans la l. *Servus communis* 5, D., *de stip. serv.*, 45, 3.

Ainsi, nous disent les jurisconsultes, l'action *comm. div.* n'est pas valablement intentée à l'occasion d'un puits, à moins que le sol sur lequel il repose ne soit lui-même indivis (19). C'est qu'alors il ne s'agit plus de diviser une servitude de puisage, *nemini res sua servit*, mais uniquement de procéder à la division matérielle du puits en tant que chose commune.

Ainsi encore, ajoute Paul, quand deux personnes ont acquis ensemble le droit de passer par le même endroit pour se rendre sur leurs fonds respectifs, et que l'une d'elles a fait une dépense pour l'entretien ou l'amélioration de la servitude, elle ne pourra pas la répéter par l'action *comm. div.*, mais seulement par l'action de gestion d'affaires, car il n'y a pas indivision. *Quæ enim communio juris separatim intelligi potest* (20) (a).

(19) L. *Per hoc judicium* 4, § *de puteo* 5, h. t. — (20) L. *Arbor* 19, § *Si per eumdem* 2, h. t.

(a) Cassius, au rapport d'Ulpien, pensait différemment (l. *Quum duobus* 52 § *Item si* 12, D., *pro socio*, 17, 2), et son avis était partagé par Pomponius qui appartenait comme lui à la secte Sabinienne. Mais Paul qualifiait cette opinion de lourde erreur, *durius ait Pomponius*, et embrassait comme plus exacte et plus juridique celle de Papinien (l. *Liberto* 51 § *Uno* 7, D., *de neg. gest.*, 5, 5).

Cependant le même Paul soutient, un peu plus loin (21), que certaines servitudes sont susceptibles de division, et partant donnent ouverture à l'action *comm. div.* Le reproche d'antinomie ici ne serait pas fondé, puisque les deux propositions, en apparence contradictoires, émanent du même jurisconsulte et se rencontrent dans le même fragment. Mais alors comment les concilier ? Selon Pothier la servitude ne serait indivisible que lorsqu'elle existerait à l'état de droit réel ; constituée comme simple droit d'obligation, elle n'offrirait plus ce caractère d'indivisibilité.—Conciliation impossible à admettre. Le droit personnel d'exiger l'établissement d'une servitude, comme l'obligation de l'établir, constituent une créance où une dette indivisible ; c'est même l'exemple qu'en présentent le plus souvent les juristes romains. Or, la suite de la thèse va faire voir (n° 46) que de telles créances ou de telles dettes ne donnent pas lieu à l'action en partage ; que leur exécution, poursuivie *in solidum* contre chacun des communistes, peut seulement faire naître entr'eux des obligations dont le *judex comm. div.* n'est compétent pour s'occuper que rarement et toujours d'une manière accessoire.

Voici le véritable sens du § *Aquarum* 4 de la loi *Arbor* 10 de notre titre. — Quand on considère les servitudes prédiales en elles-mêmes au point de vue de leur nature intrinsèque, elles apparaissent comme insusceptibles de divisions effectives. On ne conçoit pas, en effet, qu'une personne ait la moitié ou le quart du droit de passer ; l'essence même des servitudes s'oppose à cette existence partielle. Mais leur exercice est au contraire parfaitement divisible (22). Sans doute il en est quel-

---

(21) *L. Arbor* 10, § *Aquarum* 4, h. t. — (22) *L. Via* 5, § *Cum* 1, D., *de servit.*, 8, 1.

ques-unes, telles que celles de vue ou de stillicide, dont l'exercice est localisé sur une partie du fonds dominant, et fait tellement corps avec lui qu'elles ne peuvent appartenir qu'à l'adjudicataire de cette portion. C'est là l'espèce de servitudes que Labéon caractérise par cette expression : *aut ipsius fundi est.* — Mais il en est d'autres (et celles-ci composent la classe la plus nombreuse), dont l'exercice, ayant une existence séparée du sol lui-même, *separatum a fundo*, peut être divisé et mis entre les mains de tous les co-propriétaires. Ainsi, quand on procèdera au partage d'un fonds, au profit duquel est établie une servitude de prise d'eau, comme la condition du fonds servant ne doit pas être aggravée, et que, malgré la division du fonds dominant, il n'est tenu de fournir que la même quantité d'eau, le *judex* de l'action en partage pourra répartir entre tous les communistes l'utilité de ce droit en la fractionnant *mensura vel temporibus*, c'est-à-dire en décidant que chacun n'aura la faculté d'en prendre que telle quantité, eu égard à leur nombre, ou bien qu'ils jouiront chacun de toute l'eau, mais alternativement (23). La possibilité du partage d'une servitude, en tant que s'appliquant à son exercice, est encore très-apparente dans celle qui consiste à prendre dans le fonds voisin tant de charrettes de marne ou de sable (*arenæ fodiendæ*).

On objectera peut-être que Paul, qui, dans le § *si per eumdem*, parle d'une servitude de passage parfaitement divisible quant à son exercice, ne suppose point que cette divisibilité puisse exister ; car il dénie dans tout cas l'action *comm. div.* — Voici la réponse à cette

(23) *L. Quum constet* 5, D., de aqua coll., 13, 20.

B

objection. En principe, les servitudes sont indivisibles
sous tous les rapports. Au point de vue du droit réel,
ce caractère persiste toujours ; il s'efface au contraire
au point de vue de son exercice, sous la pression de
cet autre principe : que la situation du fonds servant ne
doit jamais être aggravée par suite des transformations
que subit le fonds dominant. Ainsi, le propriétaire du
terrain, qui a droit de prendre sur le sol du voisin
telle quantité de marne, meurt laissant plusieurs successeurs. La servitude tout entière est due à chacun
d'eux ; mais ils doivent s'arranger de telle sorte que
son exercice laisse intacte la condition du fonds grevé.
Alors apparaît la nécessité de répartir entre les héritiers l'utilité de la servitude, puisqu'il n'est pas permis
de l'augmenter à raison de leur nombre (24). Telle est
l'hypothèse dans laquelle se place le jurisconsulte dans
le § *Aquarum*. — Bien différente est celle du § *si per
eumdem*. Dans ce dernier fragment, Paul suppose que
deux personnes ont constitué au même endroit une servitude de passage pour se rendre, non sur un fonds
commun entr'eux, mais sur leurs fonds respectifs. La
servitude, appartenant *in solidum* à chacun d'eux, est
insusceptible de partage quant au droit lui-même ; et,
au point de vue de son exercice, il n'en sera pas autrement ; car la nécessité, qui tout à l'heure faisait fléchir le principe de l'indivisibilité, n'existe plus. Les
deux titulaires du droit, en exerçant la servitude dans
son entier, n'aggravent pas la condition du fonds servant, puisqu'à l'époque de sa constitution les deux

(24) *L. Si partem* 25, D., de S. P. R., 8, 3.

fonds dominants se trouvaient déjà entre des mains différentes (b).

45. Les créances et les obligations divisibles ne sauraient jamais faire l'objet de l'action *comm. div.*, au moins d'une manière isolée et principale (25). Si l'on suppose d'abord que la stipulation ou la promesse ont été faites par un des communistes, lui seul est créancier ou débiteur, et la nature intransmissible de la créance et de l'obligation s'oppose à leur division. Quand au contraire tous les communistes ont stipulé ou promis, la créance ou la dette se sont, par la puissance même de la loi, instantanément divisées par égales portions entre tous.

Dans ce dernier cas, il semblerait que l'*officium judicis* fût complètement suppléé. Cependant, comme la division des créances et des dettes présente souvent des inconvénients au point de vue de la poursuite ou du paiement, on reconnaissait au *judex* le pouvoir de répartir *in solidum* ces créances ou ces obligations entre les cointéressés. Sans doute il ne faisait pas que chacun des communistes devînt créancier ou débiteur pour le tout, mais il le constituait *procurator in rem suam* pour le mettre à même, soit de poursuivre le paiement de la créance, soit de payer la dette, mises dans son lot, et cela dans la mesure pour laquelle il n'était pas créan-

(25) *L. Cœtera* 4, pr., *D.*, *fam. erc.*, 10, 2.

(b) J'ignore si cette explication est nouvelle, ou si on la rencontre dans les livres des commentateurs ; pour moi, je ne l'ai empruntée qu'à la réflexion et à la nécessité.

cier ou débiteur de par la loi (26). Ce n'était pas là un partage, il n'était pas question d'adjudication, modo insusceptible de transmettre une obligation (27) ; c'é-taient seulement des arrangements que le *judex*, déjà saisi de l'action *comm. div.*, prenait pour la plus grande commodité des parties. Mais cet intérêt n'était pas suffisant pour justifier à lui seul la délivrance de la formule.

Dans la première hypothèse, comme tous les communistes doivent bénéficier de la créance, ou payer une partie de la dette, qui ont pris naissance par suite de l'indivision, si les principes font obstacle au partage, du moins il y aura lieu entr'eux à un règlement de compte. Les créances et les obligations entreront dans l'action *comm. div.*, non pas comme *res*, mais uniquement comme *præstationes*, et le *judex* ne pourra encore s'en occuper qu'accessoirement au partage des choses qui sont vraiment indivises entre les parties.

16. Pour un motif diamétralement contraire, les créances et obligations indivisibles n'étaient pas susceptibles de constituer l'objet principal de l'action *comm. div.*, et ne pouvaient donner lieu qu'à des *præstationes*.

Dans le cas d'abord où plusieurs communistes étaient astreints à une obligation indivisible, par exemple à celle de constituer une servitude prédiale ou d'exécu-ter un *opus*, on traitait cette obligation indivisible comme une obligation solidaire ; chacun d'eux était tenu *in solidum*. Mais comme celui qu'avait attaqué le créan-cier ne devait pas lui seul supporter définitivement la totalité de la dette, il pouvait, accessoirement à la de-

(26) *L. Plane* 3, D., *fam. erc.*, 10, 2. — (27) § *Obligationes* 38, U. I., II.

mande en partage, répéter contre les autres ce qu'il
avait payé pour eux. Le *judex* ne s'occupait donc des
dettes indivisibles que pour régler le compte des in-
demnités qu'elles étaient susceptibles de faire naître (28).

Quant à la créance indivisible appartenant à des communistes, elle n'entrait pas dans l'action *comm. div.*,
même comme donnant lieu à des *præstationes*. Les textes
en effet établissent que dans cette hypothèse, à la différence de la précédente, si chacun des cointéressés conservait son action pour le tout, le débiteur n'était pas
condamné à la totalité, mais partiellement à une somme
correspondante à la part d'intérêt qu'avait le demandeur (29) (c).

(28) *L. Heredes* 25, § *Contra si* 10, *D., fam, ere., 10, 2; l. Stipulationum*
2, § *Ex his igitur* 2, *D., de verb. obl., 45, 1.*
(29) *L. Heredes* 25, § *An ea stipulatio* 9, *D., fam. ere., 10, 2.*

(c) Cette décision s'explique par cette particularité du système
formulaire : que toutes les condamnations étaient pécuniaires.
Comme il en advenait que le refus d'exécuter une prestation
indivisible avait toujours pour conséquence de contraindre le
débiteur à une prestation parfaitement divisible, on assimila,
quant au résultat de l'action, *solutione tantum*, à la créance
divisible celle qui ne l'était pas. — Ce même motif militait aussi
en faveur d'une solution identique pour les obligations indivisibles.
Mais l'opinion, favorable à cette extension, ne prévalut pas, sans
doute par la raison que, l'action *in solidum* étant un avantage
pour le créancier et un inconvénient pour les débiteurs, on ne
pouvait pas alléger la position de ceux-ci en divisant l'action du
créancier, au moment même où ils refusaient d'exécuter leurs
engagements, et manquaient ainsi à la foi promise. Au contraire
dans l'hypothèse de la créance, la division, loin de produire une

IIᵒ *Prœstationes.*

47. Les jurisconsultes appellent de ce nom l'exécution des obligations nées à l'occasion de choses indivises et auxquelles sont astreints les communistes les uns envers les autres.

On peut les ranger dans trois catégories : — 1ᵒ les unes ont pour cause l'enrichissement de l'un des communistes aux dépens de ses cointéressés (*lucrum*) ; — 2ᵒ d'autres au contraire naissent de son appauvrissement (*damnum*) ; — 3ᵒ certaines enfin résultent de ce qu'un dommage a été apporté à la chose commune par la faute de l'un d'eux (*quod abest*) (1).

Tel est l'ordre qui sera suivi dans leur examen.

A. — *Obligations résultant de l'enrichissement de l'un des communistes.*

48. Lorsqu'un des communistes a recueilli, à l'exclusion des autres, les fruits de la chose indivise, il se trouve obligé à leur égard (2). C'est là le cas le plus fréquent d'enrichissement.

Mais, pour qu'un fait d'enrichissement soit productif d'une obligation dont l'exécution puisse être pour-

---

(1) *L. In communi* 3, pr., h. t. l. *Quibus casibus* 31, *D.*, *pro socio*, 17, 2; *C. Si major* 4, *C.*, *comm. div.*, 3, 37. — (2) *L. Si quis putans* 6, § *Sive autem* 2; *l. In summa* 11, h. t.

---

anomalie, conduisait à un résultat équitable, et simplifiait même la situation respective des cointéressés, puisqu'elle les empêchait de percevoir des valeurs les uns pour les autres et de courir ainsi les chances de leur insolvabilité réciproque.

suivie par l'action *comm. div.*, une condition est nécessaire ; il faut que ce fait émane d'un communiste.
—Conséquemment, si des fruits ont été recueillis avant
que l'indivision ait pris naissance, le *judex comm. div.*
ne pourra en tenir compte (3).

Le droit rigoureux aurait exigé, pour que les co-intéressés pussent mettre en exercice l'action en partage,
que celui qui s'est enrichi à leurs dépens, non-seulement connût l'existence de l'indivision, mais encore
sût positivement quels étaient ses communistes. Néanmoins l'équité avait fait admettre l'extension du *judicium
comm. div.*, sous le nom d'*actio utilis*, au cas d'une
simple erreur sur l'identité des personnes avec lesquelles on se trouvait dans l'indivision (4).

B. — *Obligations résultant de l'appauvrissement de l'un
des communistes.*

49. Quand un des communistes se trouve appauvri
dans la gestion de la chose indivise, l'égalité, qui
doit présider à leurs rapports entr'eux, demande qu'on
l'indemnise du dommage qui en résulterait pour lui,
si cette situation devenait définitive. Ses co-intéressés
sont donc astreints à une obligation de remboursement
dont l'exécution peut être poursuivie par l'action *comm.
div.*

Les hypothèses d'appauvrissement sont aussi nombreuses que variées ; il n'est besoin d'en citer que
quelques-unes parmi les plus fréquentes.

Il arrive souvent qu'un communiste fasse des dépenses pour l'amélioration de la chose commune ; la

(3) *L. Per hoc judicium* 1, § *Sicut autem* 3, *h. t.* — (4) *L. Si quis putans*
6, *pr., h. t.*

loi romaine lui permet de les répéter, avec les intérêts
à partir de la demeure (n° 25, VI°); devant le *judex
comm. div.* (5).

Il en est de même, lorsqu'il a payé la totalité d'une
dette commune. Ainsi, quand un des copropriétaires,
actionné de *peculio* pour l'intégralité de la dette contractée par l'esclave commun, a épuisé pour la payer
la portion de pécule qui était entre ses mains, il a le
droit de demander à son communiste qui détient l'autre portion de l'y faire participer (6).

Si l'esclave commun cause un dommage à l'un de
ses maîtres, par exemple s'il se rend coupable d'un
vol à son préjudice, le maître lésé peut, sur l'action
comm. div., réclamer à son copropriétaire, ou de l'indemniser du dommage qu'il éprouve, ou de lui faire
l'abandon de l'esclave (7). Il conserve le même droit à
l'encontre du tiers, à qui son communiste a consenti
l'aliénation de sa part (a). Enfin, en cas de mort ou

(5) *L. Per hoc judicium* 4, § *Sicut autem* 3, h. t. — (6) *L. Et ancillarum*
27, § *Si quis* 8, D., *de pecul.*, 15, 1; *l. Etsi non omnes* 8, § *Item si* 4, h. t.
(7) *L. Et puto* 16, § *Item si* 6, D., *fam. erc.*, 10, 2.

(a) Africain, à qui ces solutions sont empruntées, base le droit
qu'il reconnaît au maître lésé de poursuivre le tiers acquéreur
par l'action *comm. div.* sur le principe : *noxalis actio caput
sequitur* (§ *Omnis autem* 5, *Just. Inst.*, *de nox. act.*, 4, 8).
Il semble bien qu'il y ait là un oubli de cette règle élémentaire :
qu'une action noxale n'est jamais délivrée dans le cas où c'est
contre son maître lui-même que l'esclave a commis un délit
(§ *Si servus domino* 8, *eod.*). Un communiste ne peut donc
jamais intenter une action noxale contre ses cointéressés, et cette
conséquence est écrite en termes exprès dans la l. *Si servus*

d'affranchissement de l'esclave ; il est sans action contre son copropriétaire ; à moins que celui-ci n'ait retiré du vol un profit quelconque (8).

50. L'action *comm. div.* est valablement mise en exercice, même dans le but d'éviter un dommage simplement imminent. Ainsi lorsqu'un seul des copropriétaires est actionné pour un délit commis par l'esclave commun, il a le droit, avant d'avoir répondu à la demande du créancier par une satisfaction quelconque, de se faire délivrer contre les autres le *judicium comm. div.*, afin de les contraindre à lui céder

(8) *L. Si servus* 61, *pr., D., de furtis,* 47, 2.

---

communis 8, D., *de nox. act.*, 0, 4. La seule et véritable raison, qui permet au maître lésé d'attaquer l'ayant-cause de son copropriétaire, c'est la naissance d'un nouvel état d'indivision entre lui et ce tiers, et l'action qu'il intente est une simple action *comm. div. utilis* (l. *Si quis putans* 6 § *Quare et si* l. *h. t.*).— Toutefois il faut avouer que les jurisconsultes romains, contrairement aux principes, admettaient dans l'espèce l'existence d'une action noxale. Ulpien, de même qu'Africain, reconnaît à la personne actionnée le droit, ou de payer la totalité du dommage, ou d'abandonner l'esclave (l. *Et puto* 16 § *Item si* 6, D., *fam. erc.*, 10, 2.). Peut-être leur solution se justifie-t-elle par cette considération que, lorsqu'un esclave commun fait encourir un préjudice à l'un de ses maîtres, on peut regarder ce préjudice, pour une part au moins, comme causé par l'esclave d'autrui. Néanmoins telle était la puissance des principes sur l'esprit des jurisconsultes que jamais ils ne virent dans l'action *comm. div.*, intentée contre l'acquéreur de la portion d'un communiste, une action franchement noxale. Africain n'emploie ce mot qu'en l'accompagnant d'un correctif : *quodammodo noxalis actio.*

la part indivise qu'ils ont sur l'esclave, et de pouvoir ainsi éteindre la dette sans rien avancer sur son propre patrimoine. Seulement le *judex* exigera de lui la promesse garantie qu'il restituera à ses co-intéressés la part qu'ils lui ont cédée, au cas où il ne ferait pas lui-même l'abandon noxal de l'esclave (9).

51. L'existence de certaines conditions est encore indispensable, pour que le communiste puisse obtenir, par le moyen de l'action *comm. div.*, l'indemnité à laquelle il a droit.

52. — *Première condition.* — Il faut que le fait, productif de l'appauvrissement, émane d'un communiste. Si donc ce fait a précédé la naissance de l'indivision, le *judex comm. div.* est incompétent pour en apprécier les suites.

C'est le principe que pose Ulpien à l'occasion de dépenses faites *antequam res communis esset* (10). Julien, continue ce même jurisconsulte, en avait tiré cette conséquence que, dans le cas où le préteur aurait envoyé deux personnes en possession *custodiæ causâ*, si l'une d'elles a fait des dépenses sur la chose avant le second décret du préteur qui les a mis *in causa usucapiendi*, elle ne peut pas, à l'aide de l'action *comm. div.*, répéter la partie de ses impenses pour laquelle l'autre devrait y contribuer (11). La possibilité d'exercer son droit de répétition par l'action en partage n'existe qu'autant que les dépenses ont été faites, *postquam jussit prætor eas ædes possidere* (12). Mais Ulpien regarde cette conclusion comme erronée.

(9) *L. Si socius* 15, h. t. — (10) *L. Per hoc judicium* 4, § *Sicut autem* 3 h. t.—(11) *L. Per hoc judicium* 4, § *Ea propter* 4, h. t.
(12) *L. Sed si res* 5, h. t.

Admettant en effet que le simple envoi en possession *custodiæ causa* constitue une *justa causa possidendi*, donnant ouverture à l'action *comm. div. utilis* (13), la logique le force à dire, et il dit en effet qu'alors même que les dépenses auraient été faites à l'époque où les envoyés en possession étaient de simples détenteurs de la chose d'autrui, celui qui les avait payées avait le droit d'en poursuivre le remboursement par l'action *comm. div. utilis* (14) (*b*).

(13) *L. Comm. div. judicium locum* 7, § *Item si duo* 8, et § *Plane* 9, *h. t.* —(14) *Si finita* 15, § *Sed si quis* 19, D., *de damno infecto*, 39, 2.

(*b*) Ces quelques lignes contiennent la solution proposée d'une des questions les plus sérieuses que soulève le commentaire du titre *communi dividundo*. On a cru voir une antinomie entre la loi *Sed si res* et le § *Ea propter* de la l. *Per hoc judicium*, l'une portant que l'on peut répéter par l'action *comm. div.* les impenses faites sur la chose avant le second décret par lequel le préteur donne l'ordre de posséder, l'autre au contraire portant que cette répétition est impossible. — Pothier, dans ses Pandectes, n° 77, cherche à résoudre cette antinomie en disant que dans le § *Ea propter* Julien parle suivant le droit rigoureux, que dans la loi *Sed si res* il donne la solution qu'exige l'équité. Ce n'est en effet que par extension, et sous la qualification *d'actio utilis*, que les envoyés en possession en vertu du premier décret du préteur peuvent intenter l'action *comm. div.* (l. *Comm. div. judicium locum* 7 § *Item si duo* 8 et § *Plane* 9, *h. t.*). — M. Pellat (*Cours sur les Pandectes*, 1844-1845) repousse cette explication comme divinatoire, et y substitue la suivante. Durant la première période de l'envoi en possession, l'exercice de l'action *comm. div.*, pour rentrer dans les dépenses qui ont été faites pendant sa durée, est impossible : tel est le contenu du § *Ea propter*. Mais après le second envoi, on est en droit d'en poursuivre

Toutefois le même jurisconsulte, dans une hypothèse spéciale où l'application aveugle du principe eût amené un résultat d'une iniquité révoltante, regardait comme légitime l'exercice d'une action en partage pour un fait productif d'appauvrissement accompli avant la naissance de l'indivision. Voici cette hypothèse : un esclave commun s'est rendu coupable d'un vol à l'égard d'un étranger ; la personne lésée a le droit d'intenter l'action noxale *in solidum* contre celui des copropriétaires qu'il

par cette action le remboursement ; c'est là l'objet de la loi *Sed si res*. — Cette explication perd un peu de son autorité et de sa vraisemblance, si l'on songe que l'action *comm. div. utilis* appartient aux simples détenteurs *custodiæ causa*. D'un autre côté, elle tend à mettre la loi *Sed si res* en contradiction avec un fragment précédent. S'il n'est pas permis en effet de demander dans l'espèce d'être indemnisé de ses impenses, c'est que l'indivision n'existe pas entre personnes simultanément envoyées en possession de la chose d'autrui *custodiæ causa*, indivision qui ne prendra naissance qu'après le second envoi ; mais alors comment permettre de réclamer par l'action *comm. div.* le remboursement de frais qui datent d'une époque antérieure à l'existence de l'indivision, sans violer le texte de la loi *Per hoc judicium* 4 § *Sicut autem* 5, h. t. ?

Il est préférable de faire disparaître l'antinomie par cette simple remarque que les dépenses dont parle Julien dans la l. *Sed si res* ont été faites pendant la seconde période de l'envoi en possession, sous laquelle seulement, suivant ce jurisconsulte, l'indivision est susceptible d'exister. Ce n'est pas entre le § *Ea propter* et la loi *Sed si res*, qu'il y a antinomie ; c'est plutôt entre le § *Ea propter* et la *Si finita* 15 § *Sed si quis* 19, D., *de damno inf.*, 39, 2. Là elle est véritable, et la seule explication possible est de dire que sur ce point Ulpien avait adopté un sentiment différent de celui de Julien, dont il se bornait à rapporter l'opinion, *ea propter scribit Julianus.*

lui plaira choisir. Le maître, qu'elle actionnera, ne pourra éviter une condamnation à des dommages-intérêts qu'en abandonnant au demandeur l'esclave tout entier ; l'abandon de sa part seulement ne saurait suffire. De là pour lui l'occasion d'un préjudice dans le cas où ses communistes refuseraient de céder leur part de propriété sur l'esclave ; car alors il sera condamné à payer la totalité des dommages-intérêts, dont il pourra d'ailleurs répéter une partie contre les autres sur l'action en partage. Il a un moyen cependant de se soustraire à cette instance et d'éviter ses conséquences désavantageuses , c'est d'abandonner avant la *litiscontestatio* la part de propriété qu'il a sur l'esclave. Mais, pourrait-on dire, la personne lésée va se trouver dépourvue de tout moyen juridique pour se faire indemniser du dommage qu'elle a souffert. D'une part elle n'aura plus d'action noxale contre l'autre maître ; car par l'abandon qui lui a été consenti, elle est devenue communiste, propriétaire de l'esclave pour partie, et il est de règle que l'action noxale ne peut pas naître quand c'est à son maître lui-même que l'esclave a causé un préjudice (15). D'autre part, elle ne saurait réclamer d'indemnité par l'action *comm. div.*, puisque le fait générateur du dommage a précédé la naissance de l'indivision entr'elle et l'ancien copropriétaire. Néanmoins, comme ce résultat est injuste, le jurisconsulte fait prévaloir l'équité sur la logique des principes. *Melius est dicere competere et comm. div. judicium* (16).

83. *Seconde condition.* — La gestion doit être utile,

---

(15) § *Si servus domino* 6, *Just. Inst.*, *de nox. act.*, 4, 8. — (16) *l. Si servus communis* 8, D., *de nox. act.*, 9, 4.

et c'est seulement dans les limites de cette utilité que le *judex comm. div.* accorde l'indemnité.

Si donc un communiste, qui, sur une action noxale intentée contre lui, avait le choix ou de payer la totalité du dommage ou d'abandonner l'esclave auteur du délit, a préféré payer, alors que la valeur de l'esclave était moins considérable, il aura le droit de répéter, non pas la moitié de la somme qu'il a déboursée, mais la moitié de la valeur de l'esclave (17).

Lorsqu'un copropriétaire, attaqué en dénonciation de nouvel œuvre, a continué ses travaux, et par cette résistance illégale encouru une peine, il ne pourra s'en faire indemniser de son cointéressé, à moins qu'il ne fût de l'intérêt commun de s'exposer à une peine plutôt que de discontinuer les ouvrages commencés (18).

Il en est de même, quand un maître, actionné *de peculio* pour la totalité d'une dette contractée par l'esclave commun et qui se trouve d'une valeur supérieure à son pécule, l'a intégralement acquittée, alors qu'il était en son pouvoir de s'en libérer en abandonnant le pécule (19) (c).

---

(17) *L. Etsi non omnes* 8, § *Si communis* 3, *h. t.* — (18) *L. Si quis putans* 6, § *Urseius* 12, *h. t.* — (19) *L. Sed postquam* 9 *in fine, h. t.*

(c) Pour les impenses faites sur la chose commune, quelques textes sembleraient faire supposer que la faculté de les répéter n'existait qu'autant qu'elles étaient nécessaires (§ *Item si* 3, *Just. Inst.*, *de obl. quasi ex contr.*, 3, 27 ; *l. Quanquam* 1 § *Quum dos* 8, *D.*, *de dot. coll.*, 37, 7). Mais le plus grand nombre des fragments relatifs à cette matière ne distinguent pas entre les impenses nécessaires et les impenses utiles ; ils accordent

54. Il suffit du reste que dans le principe la gestion ait été utile, peu importe que plus tard ait disparu l'utilité qui en était résultée. C'est là un principe général posé par Ulpien, *suffecit si utiliter gessit, etsi effectum non habuit negotium* (20), et dont notre texte présente plusieurs applications (21). Toutefois on ne donnait alors qu'une *actio utilis* (22).

55. *Troisième condition.* — La gestion doit avoir été faite en vue de l'intérêt commun (23).

On n'exigeait pas que le communiste sût précisément quel était son communiste. S'il croyait avoir à partager avec *Primus*, et qu'il fût dans l'indivision avec *Secundus*, on lui accordait néanmoins une action, mais sous la qualification d'*utilis* (24).

La loi romaine établissait une sanction sévère contre

---

(20) *L. Sed an ultro* 10, § *In autem* 1, D., *de neg. gest.*, 3, 5. — (21) *L. Si Stichus* 25, h. t. — (22) *L. Sed postquam* 9, h. t.

(23) *L. In hoc judicium* 14, pr., h. t. — (24) *L. Si quis putans* 6, pr., h. t.

---

le droit de répétition pour les impenses en général (*l. Per hoc judicium* 4 § *Sicut autem* 3, *l. Si quis putans* 6, pr., *l. In summa* 11, *l. In hoc judicium* 14 § *Impendia*, *l. Si meo* 22, *l. Si quis quum* 29, pr., h. t.; — *l. Quibus casibus* 31, *l. Actione* 65 § *Si post distractam* 13, D., *pro socio*, 17, 2 ; *l. Furiosus* 46, D., *de O. et A.*, 44, 7,). Il n'y avait que les dépenses voluptaires dont il n'était pas permis de se faire indemniser sur l'action en partage (*l. Ex duobus* 27, pr., D., *de neg. gest.*, 3, 5). Rien du reste ne force à penser que le rédacteur des Instituts, en indiquant les impenses nécessaires, ait voulu exclure les autres. Quant à la loi tirée du titre : *ex dotis collatione*, il est probable qu'elle consacre un droit spécial à la dot.

celui qui connaissait l'existence de l'indivision et qui avait géré dans son intérêt exclusif; il devait faire participer son communiste aux bénéfices qu'il avait pu réaliser, et il supportait seul toutes les pertes que sa gestion avait amenées (25).

56. Pour la personne qui, pensant améliorer sa propre chose, s'est appauvrie dans l'administration d'une chose commune, les textes lui refusent le droit de rentrer dans ses déboursés en intentant l'action *comm. div.*, même *utilis*, par la raison, dit Paul, qu'elle n'a entendu obliger qui que ce soit (26). Mais si elle ne peut directement poursuivre le remboursement de ses impenses, il lui est au moins permis de l'obtenir par voie de rétention, quand on exercera contr'elle l'action en partage, et le jurisconsulte fait remarquer que ce même droit de rétention appartient au tiers acquéreur de sa part dans la chose indivise (27) (d).

(25) L. Si quis putans 6 § Sive autem 2, h. t. — (26) L. [Si quis quum 19, pr., h. t. — (27) L. In hoc judicium 14, § Impendia 1, h. t.

(d) Le fragment d'où est tirée cette solution, présente une évidente inexactitude. Après avoir dit que la rétention est le seul moyen de rentrer dans les dépenses qu'on a faites sur la chose commune en pensant administrer sa propre chose, le texte porte ces mots : « *Quæ quum ita sint, rectissimè dicitur etiam impendiorum nomine utile judicium dari debere mihi in socium, etiam manente rei communione.* » Proposition absolument contradictoire avec ce qui précède. Le président Fabre, *l'audacissimus interpretum*, pour mettre Paul d'accord avec lui-même, ajoute une négation *dari non debere* : l'action *comm. div. utilis* est refusée, même pendant que l'indivision subsiste. — Cujas rattache la partie du fragment *quæ quum ita sint* au

57. Ce sont là des règles identiques à celles qui étaient suivies pour l'action *negotiorum gestorum*. Quand on croyait agir pour celui dont véritablement on gérait l'affaire, on avait droit à l'action directe ; si au contraire l'on se trompait sur la personne, l'action n'était qu'*utilis* (28) ; quant à celui qui pensait gérer son affaire

(28) *L. Quæ utiliter* 45, § *Titius* 2, D., *de neg. gest.* 3, 5.

---

principium de la loi, qui accorde l'action *comm. div. utilis* dans le cas d'une simple erreur sur la personne du communiste, et lui aussi ajoute une négation : *etiam non manente*. Le texte signifierait que, dans cette hypothèse, l'action *comm. div. utilis* est délivrée, même après qu'a cessé l'indivision ; le jurisconsulte voulant dire que la cessation de cet état n'éteint pas l'action, lorsqu'elle est déjà née. Cette interprétation n'est pas vraisemblable ; elle conduit à dire que Paul, abandonnant tout-à-coup l'hypothèse dont il s'occupe, revient brusquement à un cas antérieur. — M. Pellat (*Cours sur les Pandectes*, 1844-45) concilie les deux parties du fragment en supposant la suppression d'une négation par gémination, et son sentiment est le mieux justifié. Au Moyen-Age, quand la même syllabe se trouvait répétée deux fois de suite, les copistes, *brevitatis causa*, ne l'écrivaient qu'une fois, ayant soin de la remplacer par un signe qui révélait son existence. Le texte devait être ainsi conçu : *etiam impendiorum nomine NE utile judicium dari debere*, etc. Seulement, par suite de l'ignorance ou de la négligence, on n'a pas reproduit dans une transcription la particule ou son équivalent. En vain objecterait-on que le sens du passage exigerait alors l'expression *ne quidem*, et que, si le premier terme a pu être supprimé par gémination, il n'en est pas ainsi du second qui devrait toujours se retrouver. Car le mot *ne* tout seul, employé dans le sens de l'expression française *pas même*, est un archaïsme que l'on rencontre fréquemment dans les écrits des jurisconsultes, et de

6

propre et qui faisait en réalité celle d'autrui, il n'avait qu'un simple droit de rétention (29).

58. *Quatrième condition.* — Il faut que le fait, d'où est résulté l'appauvrissement, ne soit pas susceptible d'être exécuté pour partie ; sinon, ce fait ne donnera pas ouverture à l'action *comm. div.*, et le communiste ne pourra se faire indemniser que par l'action de gestion d'affaires (30).

Ainsi quand il a payé une dette hypothécaire (31), quand il a réparé en argent le tort causé par l'esclave commun dont l'abandon était moins avantageux (32), dans ces cas et dans d'autres analogues, le communiste jouit de la faculté de faire valoir son droit de répétition par l'action *comm. div.*, parce qu'il ne peut dégager la chose hypothéquée ou se soustraire à l'action noxale intentée contre lui qu'en payant la dette entière.

Au contraire, si un copropriétaire a fourni la caution *damni infecti* pour la totalité du dommage imminent, Ulpien lui refuse l'action *comm. div.* pour répéter ce qu'il a déboursé au delà de sa part, *quum necesse tibi non fuerit in solidum cavere, sed sufficere pro parte tua* (33) ; seule, l'action de gestion d'affaires lui est ouverte (34).

(29) L. *Paulus* 11, D., *de dolí malí et met. except.*, 44, 4 ; l. *Idque* 15, § *Illud expeditius* 1, D., *de act. emptí.* 19, 1.

(30) L. *Si quis putans* 6, § *Sive autem* 2, in fine, h. t. — (31) L. *His consequenter* 18, § *Sed et si* 7, D., *fam. erc.*, 10, 2. — (32. L. *Heredes* 25, § *Si unus* 15, eod. — (33) L. *Si quis putans* 6, § *Si damni* 7, h. t. — (34) L. *Si communes* 10, D., *de neg. gest.*, 3, 5.

Paul notamment (l. *Confessionibus* 13 § *Eum qui* 1, D., *de interr. in jure*, 11, 1 ; l. *Si mulier* 21 § *Si servus* 1, D., *de act. rer. am.*, 25, 2 ; l. *Sed si par* 2, D., *de rei vind.*, 6, 1.)

C. — *Obligations résultant du préjudice causé par la faute de l'un des communistes.*

59. Lorsqu'un des communistes a fait éprouver un préjudice à la chose indivise, et que c'est par sa faute, la loi romaine le déclare responsable, et l'astreint à le réparer (35).

Ainsi une blessure faite ou un accident arrivé à l'esclave commun, imputables à l'un de ses maîtres (36), les ravages de propriétés ordonnés par un chef militaire dans les transports de l'indignation causée par le refus d'un communiste de s'enrôler (37), une construction élevée sur un fonds commun par un copropriétaire sans avoir obtenu le consentement de l'autre (38), ou bien encore la question qu'un maître a fait appliquer dans son intérêt exclusif à l'esclave commun qui ne doit la subir que dans l'intérêt de tous, quand les tortures ont déprécié la valeur de cet esclave (39), sont autant d'exemples de dommages fournis par les textes et qui donnent lieu à des *præstationes.*

60. La faute s'apprécie *in concreto* : expression technique consacrée dans la doctrine pour signifier que le soin, dont est tenu le communiste dans la gestion de la chose indivise, afin de mettre sa responsabilité à couvert, se calcule, non sur la diligence du bon père de famille pris *in abstracto,* mais sur celle que la personne elle-même apporte habituellement à ses propres affaires. — Ses cointéressés n'ont pas d'ailleurs à se plaindre de la facilité de la loi. Ou bien l'indivision a pris

---

(35) *L. Etsi non omnes* 8, § *Venit* 2, *h. t.* — (36) *L. Communis servus* 26, *h. t.* — (37) *L. Si is quum* 20, *h. t.* ; *Denis d'Halyc.*, lib. 8, cap. fin., ad annum 280 U. C. — (38) *L. Sabinus* 28, *h. t.* — (39) *L. De communi* 27, *h. t.*

naissance dans un fait accidentel, tel qu'une disposition entre-vifs ou à cause de mort ; et alors comme c'est une volonté étrangère qui l'a mis en rapport avec la chose, on ne peut, pour l'astreindre à une diligence calculée abstraction faite de la sienne, lui reprocher, comme au gérant d'affaires, de s'être immiscé témérairement dans l'administration de la propriété d'autrui (40). Ou bien l'indivision résulte de l'intention réciproque des parties, comme dans le cas de la société, et alors on est en droit de répondre à l'associé demandeur que, puisqu'il a choisi son coassocié, c'est à lui-même qu'il doit s'adresser le reproche de n'avoir pas contracté avec un homme plus diligent (41).

61. Il est certaines hypothèses d'un dommage causé à la chose commune par un des copropriétaires, dans lesquelles on a douté que la réparation du préjudice ne pût être poursuivie par l'action *comm. div.*

1º Deux communistes ont convenu entr'eux que chacun jouirait durant une année alternativement du bien indivis (42). L'un d'eux, le temps de sa jouissance écoulé, trouble celle de l'autre, ou par sa faute détruit la récolte qu'il devait recueillir. Quelle est l'action qu'il intentera pour se faire indemniser ? Est-ce l'action *ex conducto* ? On peut en effet interpréter la convention des parties en un louage de la chose commune, consenti alternativement chaque année par l'un des copropriétaires à l'autre. Mais l'action à intenter, dit Ulpien, serait bien plutôt le *judicium comm. div.* Il est impossible de concevoir un louage sans un

(40) L. Heredes 25, § Non tantum 16, D., fam. erc., 10, 2.
(41) L. Socius socio 72, D., pro socio, 17, 2.
(42) L. Si convenerit 23, h. t.

prix de location (*merces*). Aussi, dans l'espèce, l'action *conducti* ne saurait avoir lieu qu'autant que les parties auraient déterminé le prix que celle qui jouirait serait obligée de payer à l'autre (43). — Toutefois, pour être exact, il faut dire, continue le jurisconsulte, que ce n'est ni à l'une ni à l'autre des actions précédentes que l'on doit recourir. Le pacte, intervenu entre les communistes, les astreignait à des obligations réciproques; en recevant un commencement d'exécution, il s'est transformé en un de ces contrats, qui n'avaient pas dans le droit romain un nom propre, mais qu'on désignait sous une dénomination particulière indiquant les faits qui les avaient constitués. Or dans cette sorte de conventions, quand le refus d'exécuter de la part d'un des contractants préjudicie à celui qui a déjà exécuté son obligation, la réparation du tort causé se poursuit par l'action *præscriptis verbis* qu'Ulpien appelle dans le texte : *incerta civilis actio* (44).

IIº Le copropriétaire d'un terrain profane y ensevelit un mort à l'insu de son communiste. Le fonds ne devient pas *religieux*. Décider autrement, ce serait autoriser la violation de ce principe de droit et d'équité que jamais le copropriétaire ne peut aliéner de la chose commune plus que sa part (45). Aussi celui, pour qui le dépôt du cadavre dans le fonds commun est une atteinte à la propriété, conserve le droit de le faire enlever. Quant à l'espèce d'action qu'il lui faut intenter pour arriver à ce résultat, Trébatius et Labéon, dont Ulpien rapporte l'opinion (46), pensaient qu'il devait

---

(43) *L. Et hæc distinctio* 35, § *Quum fundum* 1, *D.*, *locati*, 19, 2. — (44) *L. Depositum* 1, § *Si quis serrum* 9, *D.*, *depositi*, 16, 3.
(45) *L. Nemo ex sociis* 68, pr., *D.*, *pro socio*, 17, 2. — (46) *L. Si quis putans* 6, § *Si quis in communem* 6, *h. t.*

demander une action *in factum*, sans doute parce que, si le fonds ne devenait pas définitivement religieux, il l'était du moins, tant que le mort y restait enseveli, et que par suite il avait momentanément cessé d'être indivis. Au contraire Pomponius et Ulpien lui-même ne voyaient dans l'espèce aucun obstacle à l'exercice des actions ordinaires *comm. div.*, *fam.* erc. ou *pro socio* (47).

III° La personne, contre laquelle on intente l'action en partage, aliène la part qu'elle a dans la chose indivise, pour mettre son communiste en face d'un adversaire plus puissant ou plus incommode (48). Il y a dans cet acte une cause suffisante de préjudice. De là le droit pour la partie lésée de réclamer une indemnité, mesurée sur le *quantum ejus intersit alium adversarium non habuisse* (49). Cette indemnité doit être poursuivie, non par l'action *comm. div.*, mais par une action *in factum*, organisée par le préteur pour cette hypothèse spéciale (50).

IV° Enfin, la combinaison de quelques textes révèle une controverse entre les jurisconsultes romains pour savoir s'il était permis de poursuivre par l'action *comm. div.* la réparation du dommage causé par l'édification d'un ouvrage sur la propriété indivise. La loi *Sabinus* 28 de notre titre prévoit trois cas : — *a.* Le co-propriétaire a consenti à la construction, et alors il est obligé de la subir, quelque préjudice qu'elle lui cause. — *b.* Ou bien il était présent, et, tandis qu'il avait le

---

(47) *L. Locum* 2, § *Qui mortuum* 1, *D.*, de relig., 11, 7; *l. Si fundus mihi* 30, *D.*, pro socio, 17, 2.

(48) *L. Omnibus* 1, § *Itaque, et seq.*, *D.*, de alien. jud. mut., 4, 7. — (49 *L. Quia etiamsi* 3, § *Ex quibus* 1, eod. — (50) *L. Omnibus* 1, pr., eod.; *l. Communis servus* 24, § *Quum agere* 1, h. t.

moyen d'y mettre obstacle, il l'a laissé terminer. Dans ce cas, il ne peut plus la faire démolir ; seulement, si elle lui est préjudiciable, il a droit à une indemnité qu'il obtiendra par le *judicium comm. div.* —c. Enfin, quand il n'y a eu de sa part ni consentement exprès, ni consentement tacite, une action lui appartient pour demander l'enlèvement de l'ouvrage dont l'existence lui cause un dommage. Mais quelle est cette action ? D'après Marcellus, ce serait une action négatoire (51) ; l'*intentio* de la formule porterait que le co-propriétaire n'a pas le droit de conserver sa construction à titre de servitude. Mais une analyse plus exacte de la situation enleva bientôt tout crédit à ce sentiment. Paul explique fort bien que l'exercice d'une action négatoire de la part d'un communiste contre son communiste, serait une violation du principe : *nemini res sua servit*, puisque chacun d'eux est co-propriétaire du terrain indivis; c'est par l'action *comm. div.* que la partie lésée obtiendra dans l'espèce la démolition du bâtiment (52).

CHAPITRE CINQUIÈME.

Des effets de l'action communi dividundo.

62. L'action *comm. div.* a un double effet : — l'un principal, mettre fin par le partage à l'état d'indivision ; le second accessoire, sanctionner par une déclaration d'existence les obligations nées entre les parties à l'occasion de la chose indivise, et qui portaient le nom technique de *præstationes*.

(51 *L. An unus* 11, *D.*, *si serv. vind.*, 8, 5. — (52) *L. In re communi* 26, *D.*, *de S. P. U.*, 8, 2; *l. In provinciali* 3, § *Si in loco* 1, et § *Quod si socius* 2, *D.*, *de op. novi nunc.*, 39, 1.

Le *judex* arrive au premier résultat par le moyen de l'*adjudicatio*, qui lui donne le pouvoir d'attribuer la propriété des lots; et ensemble de la *condemnatio*, qui lui permet de corriger leur inégalité en créant des obligations.

Il obtient l'autre effet au moyen de la *condemnatio* toute seule, par laquelle il reconnaît les obligations préexistantes entre les communistes (1).

63. Cette dernière conséquence de l'action *comm. div.* est, il faut bien le remarquer, purement secondaire. La raison en est facile à donner. Les obligations, qui naissent entre co-propriétaires, sont toujours engendrées par des faits dont la loi romaine avait réglé les résultats à l'aide d'actions spéciales. C'étaient l'action de gestion d'affaires pour les dépenses qui avaient amélioré la chose commune, la *condictio furtiva*, les actions *furti* et de la loi Aquilia, etc., pour réparer les dommages résultant des délits ou quasi-délits de l'un des communistes; c'était enfin l'action *de in rem verso* pour les profits qu'il avait recueillis à l'exclusion des autres. Voilà les véritables moyens juridiques auxquels les parties, dans le droit rigoureux, seraient obligés de recourir pour obtenir l'exécution des *prætationes*. L'exercice de ces actions de la part de co-propriétaires par indivis a laissé dans les textes de nombreux vestiges (2). Aussi, en principe, l'action *comm. div.* ne peut pas avoir pour unique effet de sanctionner les obligations déjà nées entre les co-partageants; il faut qu'elle soit

(1) § *Si familiæ* 4, § *Eadem* 5, *Just. Inst.*, *de off. jud.*, 4, 17.
(2) L. *Item quamvis* 10, pr. h. t.; l. *Ex duobus* 27, pr.; l. *Liberto* 31, § *Uno* 7, D., *de neg. gest.*, 3, 5; l. *Rei communis* 45; l. *Sed si ex* 47, pr., D., *pro socio*, 17, 2.

intentée pour opérer la division d'une chose commune ; et ce n'est qu'accessoirement, en quelque sorte par accident, pour faciliter les liquidations de communautés, qu'il est permis au *judex* de connaître de l'exécution des *prœstationes*.

« *Comm. div. actio*, porte le § *Quædam actiones* 20, *Inst. Just.*, *de act.*, *inter eos redditur*, *inter quos aliquid commune est*, *ut id dividatur*. »

Et Isidore, définissant cette même action, marque aussi clairement que son objet principal est d'aboutir à un partage : « *Communis divisio est inter eos quibus communis res est*; *quæ actio jubet postulantibus iis arbitrum dari*, *cujus arbitratu res dividantur*. » (L. 8, Orig., c. 25, p. 931).

Enfin Paul écrit que le *judicium comm. div.* n'a plus lieu, dès que la chose a cessé d'être commune, par la raison évidente qu'il est essentiel à la validité de cette action que la partie conclue *ad rem dividendam* (3).

Ce n'est pas à dire pour cela que, lorsqu'on ne veut pas demander le partage ou qu'on ne le peut pas parce qu'il a été déjà effectué, on soit dépourvu de tout moyen de poursuivre ses droits ; on a toujours, pour atteindre ce but, les actions spéciales.

64. Avec le temps toutefois, cette rigueur s'est relâchée, et on a fini par admettre que l'action *comm. div.* serait valablement intentée, uniquement en vue d'obtenir l'exécution des obligations entre communistes, mais sous la qualification d'*actio utilis*, et dans deux cas seulement : lorsque celui contre lequel l'action était demandée, avait consenti l'aliénation de sa part (4), et

(3) *L. Comm. div. judicium ideo* 1, *h. t.* — (4) *L. Si quis putans* 6, § *Quare et si* 1, *h. t.*

aussi dans le cas de perte de la chose commune (5).
Dans toute autre hypothèse, comme dans celle notamment où l'aliénation émanerait du copropriétaire même
qui veut répéter ses impenses, la seule action possible
est l'action ordinaire, celle de gestion d'affaires (6).

85. Cette théorie n'est point contrariée par certaines
lois du Digeste qui consacrent la possibilité d'intenter
l'action *comm. div.* d'une manière principale, soit pour
obtenir la démolition d'un bâtiment élevé par un des
communistes sur le sol indivis sans l'assentiment des
autres (7), soit au contraire pour réparer ou percer un
mur mitoyen (8). Dans ces cas, la personne, qui se fait
délivrer l'action, ne conclut pas *ad rem dividendam*; elle
réclame simplement le libre exercice des droits que
donne une copropriété indivise. Mais il est à remarquer
qu'on ne permit alors d'user du *judicium comm. div.*
que par nécessité, pour remédier au défaut absolu
d'action. Les parties lésées n'étaient pas fondées à conclure *jus socio non esse ita aedificium habere* (9), ou
bien *reficiendi jus sibi esse* (10), par la raison que les
actions confessoire et négatoire étaient exclusivement
relatives aux servitudes, et que les communistes, véritables propriétaires par indivis, ne pouvaient pas prétendre ou nier les uns vis-à-vis des autres des droits à
titre de servitudes. *Nemini res sua servit.* Pour ne pas
laisser des intérêts en souffrance, on céda à l'empire de
la nécessité, on fit fléchir les principes, et on octroya la

(5) L. In summa 11, h. t. — (6) L. In hoc judicium 14, § Impendia 1, in fine, h. t. — (7) L. Sabinus 28, h. t.; l. In re communi 26, D., de S. P. U., 8, 2; l. In provinciali 3, § Si in loco 1, et § Quod si socius 2, D., de op. nori nunc., 39, 1. — (8) L. Si aedes 12, h. t.
(9) L. An unus 11, D., si serv. vind., 8, 5. — (10) L. Partem 8, D., de S. P. U., 8, 2.

faculté d'intenter l'action *comm. div.* (11). Avec cette action, les textes leur reconnaissent aussi le droit de se faire délivrer l'interdit *Uti possidetis*, sans doute parce que le communiste, qui bâtit sans permission sur la chose d'autrui ou qui s'oppose à l'exercice légitime du droit des autres, tend par là même à s'emparer de la possession exclusive de la chose indivise (12).

Comment le *judex* procédait-il au partage? — Quels en étaient les effets? — Tels sont les deux points qui vont être successivement examinés.

66. Le *judex comm. div.* intervient dans deux buts différents : tantôt pour homologuer en quelque sorte un partage déjà convenu entre les parties, tantôt pour procéder lui même à la division de la chose commune en l'absence de toutes conventions à ce sujet.

67. A. — Les partages faits à l'amiable entre les copropriétaires par indivis, sont parfaitement licites, et les copartageants sont forcés d'en respecter les conditions, quand du moins ils sont tous, au moment de l'opération, majeurs et maîtres de leurs droits (13). Il semble qu'alors l'action *comm. div.* ne doive pas se produire. Cependant on peut parfois obtenir la délivrance de cette formule, même après un partage déjà fait et qui est à tenir. Il est besoin de dire dans quels cas et dans quel but.

Lorsque le partage amiable, s'appliquant à toute la chose commune, a complétement fait disparaître l'indi-

(11) L. *In re communi* 26, D., *de S. P. U.*, 8, 2; l. *Si is qui* 4, D., *de serv. leg.*, 33, 3. — (12) L. *Si œdes* 12, h. l.; l. *In provinciali* 3, D., *de op. novi nunc.*, 39, 1. — (13) C. *Si major* 4, C., *comm. div.*, 3, 37.

vision, qu'on a employé des modes réguliers pour le transfert de la propriété et des autres droits réels, qu'on a fait des stipulations régulières pour les obligations établies entre les copartageants à titre de soulte ou d'indemnité, la mission du *judex comm. div.* se trouve entière·nent suppléée ; il n'y a plus matière à partage. Chacun a la revendication des choses comprises dans son lot et une action civile pour les sommes qu'il doit réclamer (14).

Si les parties n'ont fait qu'un simple pacte, la situation n'est pas la même ; elles n'ont plus à leur disposition action civile et revendication, qui ne peuvent naître d'un simple pacte. Une distinction est nécessaire pour démêler leur véritable position. Quand le pacte relatif au partage a été suivi d'exécution de la part d'un seul des copartageants, l'obligation civile est engendrée, et à celui qui a exécuté compétent l'action *præscriptis verbis* pour forcer ses cohéritiers à exécuter eux-mêmes la convention, et ensemble la *condictio ob rem dati causa non secuta* pour revenir sur ce qu'il a fait lui-même s'il le préfère (15). Si le pacte au contraire n'a pas été suivi d'exécution, c'est alors que devient indispensable l'intervention du *judex* pour consolider le partage, et sa mission consiste à donner aux conventions une valeur juridique ; il transfère la propriété par des adjudications, et rend les obligations pleinement efficaces au moyen des condamnations. Son rôle en un mot se borne à valider la volonté des parties (16).

Il est temps maintenant de passer à la seconde hy-

(14) *C. Si divisionem* 15, C., *fam. erc.*, 3, 36.— (15) *C. Licet pacto* 23, *eod.* —(16) *L. In communi* 3, § *Si quid ipsi*, 1, *h. t.*

pothèse, qui est la plus importante, à celle dans laquelle le *judex* met lui-même fin à l'indivision.

68. B. — La plus grande latitude lui était accordée pour procéder au partage des choses indivises ; il n'avait d'autre règle à suivre que celle que lui prescrivaient l'intérêt ou le désir unanime des co-partageants.(17).

Ainsi il pouvait diviser un fonds en plusieurs régions eu égard au nombre des communistes , et en adjuger une partie à chacun (18) (a); ou bien placer des fonds entiers dans un même lot, sauf à corriger l'inégalité des parts en condamnant l'adjudicataire à une soulte (19). Il agissait ainsi notamment, lorsque l'action *comm. div.* était intentée à l'occasion d'un mur mitoyen (*paries communis*), dont la nature ne se prête pas à des divisions effectives. Vitruve (*l.* 2, *c.* 8) nous apprend que le *judex* devait l'adjuger en totalité à l'un des communistes, et condamner celui-ci à payer à l'autre sa valeur estimative.

Il avait le pouvoir d'établir des servitudes entre les diverses parties d'un même fonds ou entre des fonds limitrophes (20), pourvu que les immeubles, entre lesquels il établissait cette relation, fussent tous deux in-

(17) *L. Judicem* 21 *eod.* — (18) *L. Item Labeo* 22, § *Sed et regionibus* 2, *D., fam. erc.,* 10, 2.— (19) *L. Item Labeo* 22, § *Fam. erc. judex* 1; *l. Si familiæ* 55, *eod.* —(20) *L. Item Labeo* 22, § *Sed etiam* 3, *eod.*

(a) Il faut excepter *l'ager rectigalis.* Il convient , dit Ulpien, qne le *judex* s'abstienne de le diviser en régions, pour ne pas compliquer la perception de la redevance annuelle *(l. Comm. div. judicium locum* 7, pr. , h. t.).

divis; car il eût excédé ses pouvoirs en grevant d'un service foncier un fonds, propriété exclusive de l'un des copartageants, au profit d'un fonds qu'il adjugeait à un autre (21).

Rien ne s'opposait non plus à ce qu'il séparât l'usufruit et la nue-propriété pour attribuer à des personnes différentes ces deux droits isolés (22) (b).

Quelquefois il estimait lui-même les lots qu'il adjugeait (23); d'autres fois, il les mettait aux enchères entre les co-partageants, et le prix de vente sur licitation, divisé par leur nombre moins un, servait à fixer le montant des condamnations à prononcer contre l'adjudicataire (24). Les étrangers y étaient admis dans certains cas sur la demande des parties (25).

Le pouvoir du *judex* allait jusqu'à faire d'un esclave

(21) *L. Ut fundus* 18, h. t. — (22) *L. Si quis putans* 6, § *Officio* 10, h.t. — (23) *L. Item quamvis* 10, § *In communi* 2, h. t. — (24) *C. Frater tuus* 1, C., comm. div., 3, 37. — (25) *C. Ad officium* 3, eod.

(b) Lorsque le *judex* prend ce parti et qu'il emploie la formule : *Primo fundum, Secundo usumfructum adjudico*, Ulpien a le soin de faire remarquer qu'il ne faut pas l'interpréter comme en matière de legs, et croire que l'usufruit est commun entre les deux adjudicataires (*l. Et puto 16 § Julianus 1, D.*, fam. erc. 10, 2). Si une personne lègue à l'un *fundum*, à l'autre *usumfructum*, rien ne force à s'écarter du sens littéral de l'expression *fundus*, qui entraîne toujours l'idée d'une pleine propriété. Cette nécessité existe au contraire dans l'hypothèse d'une adjudication ; comment est-il possible en effet de supposer que le juge du partage ait entendu attribuer aux communistes des parts inégales; qu'établi pour mettre fin à l'indivision, il ait eu la pensée de la perpétuer dans une autre mesure ?

fugitif l'objet d'une *adjudicatio* (26), et il restait à l'abri des peines de la loi Fabia *de plagiariis*, qui avaient été étendues aux cas de vente ou de donation d'un esclave présentement en fuite (27).

Il faut mentionner ici une mesure d'humanité prise sous l'influence du christianisme et qui vint limiter la liberté du juge dans ce qu'elle pourrait avoir de trop inhumain. Dans une constitution rendue en 334 p. C., Constantin défendit d'attribuer à des propriétaires différents les esclaves ou colons membres d'une même famille. « *Quis enim ferat liberos a parentibus, a fratribus sorores, a viris conjuges segregari* (28)? »

Enfin, le *judex* devait, dans quelques circonstances, prendre en faveur des parties certaines mesures de précaution. Paul nous signale le cas où l'un des communistes aurait contracté, dans l'intérêt de tous, une dette conditionnelle. La réalisation de la condition est encore incertaine au moment du partage. Si plus tard elle vient à se réaliser, comme le créancier n'est pas tenu de diviser son action, le communiste débiteur peut être contraint de la payer tout entière, alors cependant que tous doivent y contribuer. Aussi le *judex*, pour prévenir ce résultat, exigeait des copartageants les stipulations nécessaires pour assurer le remboursement de ce qu'il aurait payé au delà de sa part; et même, afin de le mettre à l'abri de l'insolvabilité de ses cointéressés, il les forçait à fournir une caution (29).

69. — Presque toujours la combinaison des deux

(26) *L. Arbor* 19, § *Judex communi* 3, h. t. — (27) § *Lege Fabia* 1, Paul. *Sent.*, 5, 30 ; c. *In fuga* 6, C., *ad leg. Fab.*, 9, 20. — (28) C. *Possessionum* 11, C., *Comm. utr.*, 3, 38. — (29) *L. Quum socii* 16, h. t ; *l. Omne œi* 27, D., *pro socio*, 17, 2.

pouvoirs que le *judex* recevait de la formule, c'est-à-dire l'*adjudicatio* et la *condemnatio*, suffisait pour arriver au partage des choses indivises. Néanmoins, dans quelques cas peu nombreux, le respect des principes imposait, pour atteindre ce résultat, la nécessité de recourir à certains expédients. — En voici des exemples.

70. — Quand un usufruit se trouvait indivis, soit parce qu'il avait été légué à plusieurs, soit encore parce qu'on l'avait constitué sur la tête d'un esclave commun, le *judex*, qui avait le pouvoir de créer un pareil droit, ne pouvait le diviser. Son caractère d'intransmissibilité établi dans beaucoup de textes (30), s'opposait à ce que la personne, usufruitière par indivis d'une chose, acquît au moyen de l'*adjudicatio* l'usufruit d'une part distincte ou bien de la totalité de cette même chose, parce que ce résultat suppose une translation de droit qui est juridiquement impossible. Aussi prenait-on des détours.

Ou bien le *judex* partageait en régions le fonds grevé d'usufruit, et à chaque communiste il attribuait la jouissance d'une de ces régions. Ce n'était là néanmoins qu'une situation provisoire, qu'un partage apparent qui cachait une indivision réelle et toujours subsistante. Chacun d'eux restait usufruitier par indivis du fonds tout entier, si bien qu'à la mort de l'un, l'assiette du droit n'ayant pas changé et le concours cessant, celui qui survivait conservait seul l'usufruit.

Ou le *judex comm. div.* accordait alternativement,

---

(30) § *L'ususfructus* 30, G. I., II; l. *Si ususfructus* 66, D., *de jure ! dol.*, 23, 3; l. *Sed etsi usucapio* 14, § *L'ususfructus an* 1, D., *fam. erc.*, 10, 2.

pendant une certaine période de temps, la jouissance de la totalité à chacun des communistes.

Ou encore, il affermait à l'un des copartageants la jouissance de toute la chose commune, à charge de payer à l'autre le prix du bail.

Parfois c'était à un tiers qu'il louait l'usufruit, et les loyers étaient répartis entre les titulaires du droit (31).

Il existait un autre mode de partage, qui consistait à attribuer à l'un, pour toute la durée de l'usufruit, la jouissance de la chose, en le condamnant à payer à l'autre, une fois pour toutes, une somme d'argent, représentative d'un prix de vente.

Tous ces arrangements étaient assurés par des stipulations réciproques (32).

71. Le partage d'un droit d'usage offrait encore plus de difficultés. Non-seulement ce droit était intransmissible de même que l'usufruit, mais de plus il n'était susceptible ni d'être vendu, ni d'être affermé. Il semblerait donc que le *judex* n'eût à sa disposition que les deux premiers expédients indiqués pour l'usufruit, c'est-à-dire l'attribution d'une jouissance partielle et collective, ou celle d'une jouissance *in solidum*, mais alternative. S'il attribuait à l'un l'usage tout entier de la chose, à condition de payer à l'autre une somme d'argent périodique, celui qui recevrait le prix recueillerait en réalité un fruit civil, et paraîtrait exercer un droit d'usufruit plutôt qu'un droit d'usage. L'empire de la nécessité fit cependant admettre ce mode de partage. Le préteur, ami des fictions, réputa que, dans l'espèce,

(31) L. *Comm. div. judicium locum* 7, Quum de usufructu 10, h. t. —
(32) L. *Et puto* 16, pr., D., *fam. erc.*, 10, 2. —

l'usager, en recevant une somme pour prix de l'usage attribué exclusivement à l'autre, ne serait pas considéré comme ayant la jouissance (33).

72. En matière de gage, la marche ordinaire du *judex* se trouvait encore entravée. D'abord il ne pouvait pas, faisant porter la division sur le droit réel lui-même, attribuer à chaque créancier gagiste une portion de ce droit, de telle sorte que chacun d'eux n'eût à exercer l'action quasi-servienne et le *jus distrahendi pignoris* que sur la portion de la chose qu'on lui aurait adjugée en gage; il eût méconnu par une semblable adjudication l'essence même du droit qui appartient *in solidum* à chaque créancier gagiste (34). D'un autre côté, borner l'effet du partage à la détention de la chose engagée, c'est-à-dire assigner à chacun la possession d'une partie de cette chose en laissant subsister les deux créances, c'eût été aussi porter atteinte au droit des créanciers, puisqu'en perdant la détention d'une portion de l'objet engagé, ils ne pouvaient plus veiller à sa conservation.

Pour assurer en les conciliant tous les intérêts, la loi romaine avait prescrit au *judex* un mode particulier de partage (*talis divisio fieri debet*). Il devait attribuer à l'un des créanciers le droit de gage tout entier, en le condamnant à payer à l'autre une somme d'argent, calculée, non sur la moitié du prix de la chose (car l'objet donné en gage pouvait dépasser de beaucoup le chiffre de la dette), mais sur la moitié de la créance à qui l'adjudication enlevait sa sûreté. Ce partage ne mo-

---

(33) L. *Item quamvis* 10. § *Si usus* 1, h. t. —(34) C. *Manifesti* 1, C., *si unus ex plur.*, 8, 32.

difiera aucunement la position du débiteur, qui conservera le droit de reprendre sa chose en payant ce qu'il doit (35). Mais pour la recouvrer, ajoutent Ulpien (36) et Paul (37), il est obligé de payer son entière dette au créancier resté seul adjudicataire. — Voici à ce sujet la raison de douter. Le débiteur aurait pu lui offrir simment sa moitié dans la créance totale, et vouloir reprendre la chose en vertu de l'action *pigneratitia directa*, en appuyant cette prétention d'un raisonnement spécieux. Il pouvait dire, en effet: « D'une part, je vous paie ce que je vous dois dans la créance garantie par le gage; d'un autre côté, vous avez vous-même acquitté le reste. Le droit de gage est donc éteint; car en payant la dette dont j'étais tenu à l'égard de votre co-intéressé, vous avez acquis contre moi une nouvelle créance que ma chose ne garantit pas. Or, si le droit de gage n'existe plus, vous êtes obligé de me rendre ma chose. » Mais il est plus vrai de dire que le créancier adjudicataire est subrogé à celui qu'il a désintéressé pour sa créance et ses accessoires, de la même manière que le tiers détenteur, qui, attaqué par l'action quasi-servienne ou hypothécaire, a payé le créancier poursuivant. Aussi lui accorde-t-on une exception de dol pour repousser la demande du débiteur.

73. Le créancier adjudicataire n'a pas seulement une exception; il a aussi une action, l'action *pigneratitia contraria*, afin de poursuivre le remboursement de la dette entière. Cette action a été organisée dans le but d'offrir au créancier gagiste un moyen de rentrer dans

(35) *L. Comm. div. judicium locum* 7, § *Inter eos* 12, h. t.— (36) *L. Comm. div. judicium locum* 7, § *Si debitor* 13, h. t.— (37) *L. Si pignori* 29, D., fam. erc., 10, 2.

les dépenses qu'il a été obligé de faire pour la conservation du gage. Or, ce caractère de nécessité apparaît
très-bien dans l'espèce pour les sommes qu'a payées
l'adjudicataire sur la condamnation prononcée par le
judex. Il en serait autrement, si le créancier gagiste
avait acheté volontairement la part de son communiste
dans le gage indivis ; il aurait bien l'exception, mais
il n'aurait plus l'action, parce que cette dépense ne lui
était pas imposée ; et même, en cas d'adjudication, il
faudrait refuser l'action à l'adjudicataire, s'il avait
poussé les enchères d'une manière exagérée pour ag-
graver la position du débiteur.

Pareillement, quand on avait acheté la part indivise
d'un communiste, si, avant la tradition, celui-ci, actionné en partage, avait été fait adjudicataire de la
portion de son co-propriétaire, l'acheteur était obligé de
prendre, avec la portion par lui achetée, celle qui avait
été adjugée à son vendeur, en payant le prix de l'adjudication, parce que cette modification dans les conditions
de la vente est une conséquence nécessaire du droit
indivis dont il s'est rendu acquéreur. Et la loi met encore à la disposition du vendeur action et exception.

Même solution dans le cas d'un mandat donné pour
acheter une part indivise (38).

Section II. — *Des effets du partage.*

74. Le partage s'opérait en Droit romain à l'aide de
l'adjudicatio et de la *condemnatio*. Ce sont donc les effets
de ces deux pouvoirs différents, attribués au *judex* par
la formule d'action, qu'il faut maintenant étudier.

---

(38) *L. Comm. div. judicium locum* 7, § *Si debitor* 13, h. t.

Quant à ceux de la *condemnatio*, ils sont trop simples pour qu'on doive s'y arrêter. Tantôt elle faisait naître le droit de créance, lorsque le *judex comm. div.* voulait par son moyen corriger l'inégalité des lots ; tantôt elle se bornait à le constater, quand il s'agissait de ramener à exécution les obligations réciproques des communistes.

Il est besoin d'entrer dans plus de détails sur les conséquences qu'entraînait l'autre partie de la mission confiée au *judex*.

L'*adjudicatio* avait des effets translatifs, et des effets créateurs de droits.

1° *Effets translatifs* de l'adjudicatio.

75. C'est une vérité signalée par tous les jurisconsultes que le partage, considéré en lui-même, abstraction faite des données arbitraires de la loi positive, constitue une translation de domaine. Que l'on suppose une copropriété indivise, que l'on examine avec attention la position des communistes avant et après le partage, et l'on se convaincra que la métaphysique des idées ne saurait conduire à une autre solution.

Deux personnes ont un fonds par indivis. Quelle est l'étendue de leur droit ? L'une et l'autre peuvent à la fois se dire propriétaires d'une moitié de l'universalité du fonds et de chacune de ses molécules. Seulement cette moitié n'a pas encore d'assiette fixe ; elle flotte, indéterminée, sur tout le fonds et sur chaque molécule tout entière. Tel est le véritable caractère de l'indivision.

Le partage est intervenu. Quelle transformation cette

situation a-t-elle subie? Le fonds présente maintenant deux régions bien distinctes ; l'une est devenue la propriété exclusive de *Primus* ; l'autre celle de *Secundus*. En conséquence *Primus* se trouve, par l'éventualité du partage, avoir acquis de *Secundus* la portion de propriété qu'avait celui-ci sur chacune des molécules qui composent le lot du premier, et réciproquement *Secundus* a reçu de *Primus* celle que ce dernier pouvait revendiquer sur chaque atôme du lot de *Secundus*. Il y a donc eu aliénation d'un côté et acquisition de l'autre, c'est-à-dire le double fait juridique nécessaire pour constituer une transmission de droit.

Ce caractère translatif existe aussi bien quand le fonds tout entier a été adjugé à l'un des copartageants sous l'obligation de payer à l'autre une indemnité pécuniaire. Dans ce cas seulement, l'aliénation et l'acquisition, au lieu d'émaner réciproquement de chacune des parties, ne se produisent qu'une fois, et le partage, au lieu de ressembler à un échange, se rapproche de la vente.

76. Le Droit romain avait consacré, sans les altérer, ces notions purement rationnelles ; et, dans cette législation, l'*adjudicatio* était comptée parmi les divers modes de transmission du domaine (39) (c) L'*adjudicatio* transférait la propriété des choses, soit *mancipi*, soit *nec mancipi* (40). Mais quelle espèce de propriété?

(39) § *Mancipatio* 3, *Ulp. reg.*, *de dom. et adq. rer.*, 19. —(40) § *Adjudicatione* 16. *eod.*

(c) Le législateur de 1804, subissant l'influence du passé, a consacré le principe moins logique, mais peut-être plus équitable, de l'effet déclaratif du partage (C. Nap. , art. 883).

On distingue. L'action *comm. div.* avait-elle le caractère d'un *legitimum judicium*, l'adjudicataire acquérait
le *dominium ex jure Quiritium* ; était elle au contraire
un *judicium imperio continens*, l'adjudication ne faisait
que mettre la chose *in bonis* de l'adjudicataire (Zimmern, Actions, § 34 ; M. Pellat, de la Propr., p. 51 ;
M. Gabriel Demante, à son cours).

Ces distinctions n'ont été révélées aux interprètes que
par les fragments découverts au Vatican. On y lit, § 47,
que les *judicia legitima* étaient les seuls dans lesquels
l'*adjudicatio* pût constituer véritablement le droit d'u-
sufruit. Il est probable que l'établissement par ce mode
de la propriété était soumis à la même restriction. Cette
induction, dont les fragments du Vatican ont donné la
pensée. est favorisée par un texte de Paul, que les
compilateurs du Digeste ont reproduit en le mutilant,
et qui, inexplicable jusqu'à ce jour, reçoit dans cette
hypothèse une explication facile et naturelle. « Le préteur, disait ce jurisconsulte, protége les adjudications en
donnant des exceptions et des actions (41). » Si, dans
tous les cas, l'adjudication eût transféré le domaine romain, l'adjudicataire n'eût eu que faire de l'intervention
du préteur et de ses secours ; le droit civil lui eût offert
tous les moyens nécessaires pour protéger sa propriété.
De toute nécessité. il faut donc admettre que, parfois au
moins, l'adjudication, inefficace pour donner tous les
attributs du domaine, plaçait seulement *in bonis* la chose
sur laquelle elle portait. Alors le préteur avait créé en
faveur de l'adjudicataire l'exception : *si res mihi adjudicata non sit*, qu'il opposait à la revendication intentée

---

(41) *L. Inter coheredes* 44, § *Si familiæ* 1, *D , fam. erc.*, 10, 2

par son ancien communiste resté propriétaire *ex jure Quiritium* ; et, pour lui permettre en même temps de reconquérir entre les mains des tiers la possession de la chose, il lui donnait l'action publicienne jusqu'à ce que l'usucapion fût accomplie.

Il y avait bien un autre cas (et celui-là survécut au système formulaire), dans lequel l'adjudicataire avait droit à la *publiciana in rem actio*. C'était lorsque des fonds appartenant à autrui, et que les parties de bonne foi considéraient comme indivis, avaient été compris dans le partage. La sentence du *judex* mettait alors l'adjudicataire *in causa usucapiendi* (42). — Mais Paul, dans la loi *Inter coheredes*, ne se plaçait pas dans cette hypothèse ; car il dit que le magistrat, outre l'action publicienne qu'il donnait contre les tiers, accordait aussi une exception pour repousser la demande du propriétaire : ce qui ne serait certainement pas, si le jurisconsulte eût parlé dans le cas où le *judex* aurait adjugé à l'un des communistes un objet dont ils n'auraient pas eu la propriété indivise. Le véritable maître ne saurait en effet souffrir de ce que sa chose a été mal-à-propos l'objet d'une action en partage entre des personnes qui n'y avaient aucun droit (M. Pellat , *de la Propr.* , 2ᵉ édit.).

On lit dans la l. 7, pr., D., *de publ. in rem act.*, 6, 2 : « *Sed et si res adjudicata sit, publiciana actio competit.* » On avait toujours, jusqu'à ces derniers temps, rattaché ce texte à l'hypothèse d'une personne devenue adjudicataire de la chose d'autrui. Mais rien n'empêche de lui donner aussi une autre signification, et de

____

(42) *L. Si per errorem* 17, *D., de usurp. et usuc.*, 41, 3.

supposer qu'il y est à la fois question d'un adjudicataire qui n'a pas acqnis la propriété du droit civil, uniquement parce que l'action *comm. div.* était *imperio
continens.*

Pourquoi maintenant l'adjudication prononcée dans
un *legitimum judicium* transférait-elle le *dominium ex
jure Quiritium?* Pourquoi au contraire mettait-elle simplement la chose *in bonis* dans les *judicia imperio continentia?*
Sur ce point, insuffisance de documents , incertitude
complète, hasardeuses conjectures. Puchta (*Institutio-
nen,* t. II, § 159) en a donné ce motif : Quand le *judicium* est *legitimum,* la loi *Julia judiciaria* ayant réglé
la mission du *judex* (43), c'est en quelque sorte de la
loi civile qu'il reçoit ses pouvoirs, et l'on comprend
dès lors qu'il puisse conférer le domaine du droit civil.
Dans les *judicia imperio continentia,* ses pouvoirs n'émanent que du préteur ; il lui sera donc seulement permis
de créer, au moyen de l'adjudication, la propriété prétorienne.

77. — Du principé reconnu en Droit romain que le
partage contenait, en lui-même, une mutation de propriété, découlaient plusieurs conséquences :

I° — C'est une règle très-certaine que , lorsqu'on
aliène une chose affectée d'un droit réel, l'acquisition
de la propriété ou plutôt le mode qui la procure, n'ont
point l'effet d'éteindre ce droit réel ; il n'en subsiste
pas moins, et il suit la chose entre les mains de l'acquéreur (44). En matière de partage, il n'en sera pas
autrement ; l'adjudicataire, véritable ayant-cause de

<hr/>

(43) § *Legitima sunt* 104. *G. I., IV.* — (44) *C. Distractis* 14 *et C. Debi-
torem* 15 , *C., de pign. et hyp.,* 8, 14.

ses communistes, sera obligé de souffrir l'exercice de
tous les droits réels qu'ils ont consentis sur leur part
indivise avant l'action *comm. div.*, sauf, bien entendu,
son recours contr'eux.

Ulpien signale ce résultat pour les droits de gage
et d'hypothèque (45). Soit que le fonds ait été adjugé
en son entier au copropriétaire non débiteur (*etiamsi
adjudicatus fuerit*), soit que l'adjudication ait attribué
aux deux parties la propriété exclusive d'une part distincte (*etsi pars socio tradita fuisset*), le fonds, dans ces
deux cas, ne passera à l'adjudicataire qu'avec la charge
réelle dont l'avait grevé son communiste; et Gaius nous
en fait bien pénétrer la raison (46). Quand *Primus*,
copropriétaire d'un immeuble, hypothèque sa portion
indivise, le droit qu'il consent frappe pour moitié et
d'une manière indéterminée chaque atôme de cet immeuble; le partage s'opérant par la division matérielle
du fonds, son communiste *Secundus* lui cède les par-
celles de propriété qu'il avait sur la moitié attribuée à
Primus, et il succède lui-même à ce dernier pour une
portion de son propre lot. Véritable acquéreur de *Primus*, il subira l'hypothèque constituée sur la part de
propriété qu'il en reçoit.

La même solution était admise en matière d'usufruit
et par les mêmes motifs (47); l'usufruitier avait le droit
d'intenter l'action confessoire contre tout adjudicataire
qui aurait entravé sa jouissance (*d*).

(45) L. *Si quis putans* 6, § *Si fundus* 8, h. t. — (46) L. *Si consensit* 7, §
Illud tenendum 4., D., quib. mod. pig., 20, 6. -- (47) L. *Is qui fundum* 31,
D., de usu. et usufr., 23, 2.

(*d*) Dans le texte relatif à l'usufruit, Labéon nous apprend que

La question ne se présentait pas pour les servitudes prédiales, parce qu'on ne peut pas se figurer une telle servitude ayant pour assiette une portion indivise de maison ou de champ (48). Aussi une constitution de pareils droits, faite dans ces conditions, était-elle nulle, ou, du moins n'avait-elle d'effet qu'autant qu'elle était suivie de concessions semblables faites par tous les co-intéressés (49).

Quand le *judex comm. div.* avait connaissance des droits réels consentis par les communistes sur leurs parts indivises, il devait les prendre en considération, et déduire de la valeur de la part attribuée à l'adjudicataire une somme calculée sur le montant de la dette hypothécaire, qu'il pouvait être tenu de payer, ou du droit d'usufruit dont il était obligé de souffrir l'exercice (50).

78. II° — L'adjudication, étant considérée comme une vente ou un échange (51), faisait naître entre les copartageants l'obligation de garantie, sans qu'il fût besoin d'une convention particulière (52). C'était

(48) *L. Si quis duas* 6, § *Si quis partem* 1, D., comm. præd., 8, 4. — (49, *L. Si quis duas* 6, § *Item si duo* 2; *l. Receptum est* 18, D., comm. præd., 8) 4; *l. Per fundum* 11, D., *de S. P. R.*, 8, 3. — (50) *L. Si quis putans* 6, § *Si fundus* 8, h. t.

(51) *C. Divisionem* 1, C., comm. utr., 3, 38. — — (52) *L. Si familiæ* 14, C., fam. erc., 3, 36.

Trébatius, touché des inconvénients du système romain sur les effets du partage, voulait que le droit réel ne grevât, après l'adjudication, que la part de celui qui l'avait consenti. C'était le principe de l'effet déclaratif du partage, déjà imaginé dans le siècle d'Auguste, mais étouffé à sa naissance par la logique romaine.

donc uniquement pour donner à l'adjudicataire l'action *ex stipulatu* que Paul recommande au *judex* de lui faire promettre expressément la garantie par ses communistes (53). Quand aucune stipulation n'était intervenue à ce sujet, l'adjudicataire évincé avait l'action *præscriptis verbis* (54), et le *quantum* de la garantie embrassait alors la valeur de la chose et de ses accessoires au moment de l'éviction (55).

II° *Effets de l'adjudicatio créateurs de droits.*

70. Si l'*adjudicatio* faisait passer d'une tête sur une autre une propriété ou des droits déjà constitués, elle avait aussi la puissance de faire naître des droits.

Ainsi elle créait la *bonæ fidei possessio*, quand elle portait sur la chose d'autrui (56), et alors elle conférait le droit d'intenter l'action publicienne, pourvu qu'on eût pris possession de la chose adjugée (e).

(53) *L. Item quamvis* 10, § *In communi* 2, *h. t.*; *l Heredes* 25, § *Item curare* 21, *D., fam. ers.*, 10, 2.
(54) *C. Si fratres* 7., *C., comm. utr.*, 3, 38. — (55) *L. Si quum venditor* 66, § *Divisione* 3, D., *de evict.* 21, 2.
(56) *L. Sed et si res* 7, D., *de publ. in rem act.*, 6, 2;

(e) Des romanistes allemands prétendent que l'exercice de l'action publicienne compète à l'adjudicataire, alors même qu'il n'aurait pas été mis en possession de la chose adjugée. Mais on doit rejeter cette opinion comme contraire au fondement de l'action, qui est basée, ainsi que l'indique sa formule, sur une fiction d'usucapion; or l'usucapion implique nécessairement l'idée de possession (*l. Sine possessione* 25, D., *de usurp. et usuc.*, 41. 3.) — V. Savigny, Syst., t. IV, p. 246 ; — M. Pellat, de la propr., p. 454.

L'usufruit était aussi constitué par l'effet de ce mode, sauf la distinction entre les *judicia legitima* et *imperio continentia* (57). Ce point ne soulevait aucun doute, quand l'usufruit était établi pour un temps déterminé (*ad certum tempus*). Mais sur la question de savoir si le *judex* avait le pouvoir de constituer l'usufruit *ex certo tempore vel alternis annis*, les fragments découverts au Vatican ont révélé une controverse, auparavant complétement ignorée. Ulpien tenait pour l'affirmative (58); mais d'autres jurisconsultes repoussaient ce sentiment, par la raison qu'aucune *legis actio* n'était donnée pour créer un droit dans l'avenir, et que l'adjudication rappelle l'*adjudicare* des actions de la loi (Zimmern, des Actions, § 52). L'opinion d'Ulpien est la seule conservée au Digeste.

Enfin, la constitution d'une servitude prédiale pouvait résulter de la sentence du juge, probablement aussi sous la condition que le *judicium* fût *legitimum* (59).

CHAPITRE SIXIÈME.

Des fins de non-recevoir contre l'action communi dividundo.

80. Les fins de non-recevoir, qu'on pouvait opposer à l'action *comm. div.*, étaient nombreuses, et se présentaient dans des situations très-variées. Certaines ont déjà été examinées par aperçu ou par comparaison avec

(57) § *Per mancipationem* 17, *fr. Vat.* — (58) *L. Et puto* 16, § *Usufructus* 2, D., *fam. erc.*, 10, 2. — (59) *l. Si quis duas* 6, § *Si quis partem* 1, D., *comm. præd.*, 8, 4.

d'autres matières. C'est ici le lieu de faire sur elles une étude spéciale.

Les unes ont un effet simplement dilatoire, les autres mettent pour jamais obstacle à l'exercice de l'action.

PREMIÈRE CATÉGORIE. — *Des fins de non-recevoir.*

81. A. — Le Droit Romain, pour tarir une source de procès, proclamait aussi le principe : que nul n'est tenu de demeurer dans l'indivision (1), et il déclarait nulle toute convention par laquelle les parties auraient renoncé pour toujours au droit de provoquer un partage (2). Cependant les communistes peuvent avoir en beaucoup de cas un intérêt sérieux à le retarder quelque temps. Aussi, lorsque l'effet de leur convention avait été limité à un certain délai, les jurisconsultes admettaient que le pacte était valable et donnait lieu à une exception simplement dilatoire contre celui qui intenterait l'action *comm. div.* avant l'expiration du temps fixé (3) (a).

82. B. — Pour ne pas que la décision, portée sur une question, vînt préjuger celle à rendre sur une question plus importante, la pratique romaine avait posé le principe que la *causa major* devait être jugée la première (4).

---

(1) C. *In communione* 5, C., comm., *div.*, 3, 37; *l. Etsi non omnes*, 8; *l. Si quis quum* 20, § *Pomponius* 1, h. t. — (2) L. *In hoc judicium* 14, § *Si convenial* 2, h. t. — (3) L. *In hoc judicium* 14, § *Si inter socios* 3, h. t. — (4) L. *Per minorem* 54, D., *de jud.*, 5, 1.

(a) Le Code Nap. consacre les mêmes principes ; seulement il fixe le délai: on ne peut convenir de demeurer dans l'indivision au delà de 5 ans (art. 815).

Aussi, lorsqu'on intentait l'action *comm. div.* contre une personne qui possédait les choses prétendues indivises, et que celle-ci niait à son adversaire sa qualité de communiste, une nouvelle contestation naissait, qui dominait la question du partage, et qui dès-lors, par une pure application de la règle, devait être décidée avant la *causa minor*. La personne actionnée pouvait donc écarter l'action *comm. div.* en faisant insérer dans la formule une *præscriptio* ainsi conçue : *ea res agatur, si præjudicium fundo partive ejus non fiat*, contraignant ainsi le demandeur à transporter le litige sur la question même de propriété en mettant contr'elle en exercice l'action en revendication (5) (nº 18).

Ainsi lorsque un fonds a été légué, et qu'il y a lieu de réduire le legs en vertu de la loi Falcidie, ce fonds se trouve indivis entre le légataire et l'héritier. Si celui-ci conteste la validité de la disposition, le légataire doit intenter contre lui, non l'action *comm. div.* (car elle serait paralysée par une *præscriptio*), mais la *vindicatio incertæ partis* (6), s'il ne peut apprécier le montant de son legs, pour éviter les conséquences rigoureuses de la plus-pétition. — Ainsi encore, le légataire d'un pécule, si l'héritier nie son droit, sera dans la nécessité de recourir à la revendication, qui devra être *incertæ partis*, s'il ignore la valeur de la chose léguée. On sait en effet que le pécule est de plein droit diminué de ce que l'esclave doit à son maître, et qu'il n'est pas permis de le revendiquer comme un ensemble juridique, tel qu'un troupeau ou une hérédité (7).

(5) *L. Fundi* 18, D., *de except.*, 44, 1 ; *l. Hæc actio* 1, § *Quæ quidem* 1, D., *fam. erc.*, 10, 2. — (6) *L. Quæ de tota* 76, § *Incertæ* 1, D., *de rei vind.*, 6, 1. — (7) *L. Vindicatio* 56, eod.

Le développement de ces deux espèces constitue la véritable interprétation de la loi *Etsi non omnes* 8, § *Si incertum* de notre titre, qui donne au légataire l'action *comm. div.* et la *rei vindicatio*, non pour qu'il les intente à son choix, mais au contraire pour qu'il puisse, par le moyen de l'une ou de l'autre, faire valoir ses droits dans des situations totalement différentes.

83. C. — Quand un copropriétaire a donné en gage sa part indivise pour garantir la dette dont il est tenu envers son communiste, et qu'ensuite il intente contre lui l'action *comm. div.*, celui-ci, tant qu'il n'est pas désintéressé, a la faculté de lui opposer l'exception *pigneratitia*. Le copropriétaire demandeur se trouve en effet dans la position d'un débiteur qui, sans offrir le paiement de sa dette, revendique sa chose entre les mains du créancier gagiste, et que ce créancier a le droit de repousser par l'exception tirée du gage : *si non pignoraverit*.

Mais le communiste actionné peut ne pas vouloir profiter de sa position, il n'oppose pas l'exception. Quelles seront les conséquences de cette conduite? S'il se rend adjudicataire du fonds tout entier, le refus qu'il a fait du secours de la loi ne lui nuira pas; car le *judex* le condamnera à payer à son copartageant qui est aussi son débiteur, non pas la valeur de la part qu'avait ce dernier dans la chose commune, mais seulement l'excédant de cette valeur sur le montant de la dette, en exigeant toutefois de lui qu'il libère son débiteur. — Sa position ne sera aggravée que lorsque la totalité ou seulement une partie du fonds sera adjugée au communiste débiteur. Dans le premier cas, le *judex* ne con-

damnera l'adjudicataire à payer à son copartageant
que la valeur de la part qui lui reviendrait, sans y
joindre le montant de la dette. Et dans le second cas,
il ne prononcera même aucune condamnation. Ce n'est
pas à dire pour cela que le droit réel de gage soit éteint.
Il subsiste toujours (n° 77), mais le créancier a perdu
la possession de la chose engagée. Du reste, il ne peut
justement se plaindre de ce résultat préjudiciable, puisqu'il n'avait, pour l'empêcher, qu'à opposer l'exception,
et qu'il ne l'a pas fait (8).

84. D. — Il a été dit plus haut (n°s 34 et 35) que
l'action *comm. div.* n'était pas délivrée à ceux dont la
possession était entachée de violence, de clandestinité
ou qui l'avaient acquise à titre de précaire (9). En conséquence, si un possesseur demande cette action au
magistrat, et que la personne actionnée soutienne qu'il
possède la chose *vi, clam* ou *precario* vis-à-vis d'elle-
même, le préteur refusera l'action sollicitée, pour empêcher que la *sentential judicis* ne préjuge une question dont la solution doit naturellement précéder l'action
comm. div., celle de savoir si la possession du demandeur renferme les vices qu'on lui reproche. Au cas où
cette allégation aurait un fondement, il ne serait en
en effet qu'un *prædo*, sans qualité absolument pour demander un partage. Le refus d'action donnera le temps
au défendeur de recourir à l'interdit *unde vi*, ou
à l'interdit *de precario*, ou à l'interdit *de clandestina possessione* (b), suivant les hypothèses. Ce ne

---

(8) *L. Si quis putans* 6, § *Idem Julianus* 9, *h. t.* — (9) *L. Comm. div.
judicium locum* 7, § *Inter prædones* 4, *h. t.*

(b) La l. *Comm. div. judicium locum* 7 est le seul texte

serait qu'autant qu'il ne réussirait pas dans l'instance possessoire que son adversaire pourrait conclure de nouveau *ad rem dividendem* (10). — Le magistrat, fait remarquer Ulpien, s'abstiendra de délivrer
l'action, bien que plus d'une année se soit écoulée de-

(10) *L. Comm. div. judicium locum* 7, § *Julianus* 5, h. t.

du Digeste qui mentionne l'interdit *de clandestina possessione*, et
encore ne le fait-elle qu'accidentellement. D'où l'on a conclu
avec raison que cet interdit particulier a disparu de la procédure
romaine à une époque même très-rapprochée des temps classiques.
Savigny a donné de cette disparition un motif qui est accepté par
la généralité des romanistes. — Autrefois l'entrée subreptice d'un
tiers dans la chose d'autrui le rendait possesseur ; dès lors il
fallait donner à la personne, qui avait ainsi perdu la possession,
un moyen juridique de la recouvrer, et ce moyen était l'interdit
de clandestina possessione. Bientôt il parut dangereux d'admettre
qu'un possesseur fût dépouillé sans le savoir de la position qui
lui appartenait relativement à des biens dont il avait dû rester
quelque temps éloigné ; et le principe : qu'en ce qui concerne
les immeubles, la possession se retient *solo animo*, triompha complétement. Aussi la détention clandestine fut désormais regardée
comme un fait sans valeur, insusceptible de conférer le titre de
possesseur. On pouvait, sans en tenir aucun compte, rentrer
dans sa chose, qu'on n'avait pas cessé du reste de posséder ; si
l'usurpateur clandestin repoussait par la violence le véritable possesseur, celui-ci perdait la possession, non plus *clam*, mais *vi* ;
et la voie, qu'il avait à prendre pour reconquérir son droit, était
celle de l'interdit *Undè vi* (*l. Clam possidere* 6 § *Quid ad
nundinas* 1, D., de adq. vel am. poss., 41, 2*). Que si le
possesseur ne voulait pas rentrer dans son immeuble et laissait
tranquille celui qui l'avait usurpé, dans ce cas, la clandestinité
cessant, ce dernier acquérait encore la possession (M. Machelrad,
Interdits, p. 286.)

puis la perte de la possession par violence, alors cependant que l'interdit *unde vi* n'est valablement intenté que dans l'année à partir du moment où elle s'est produite. Pour comprendre cette précision, il n'est pas besoin de supposer, comme l'a fait Cujas, que le texte est relatif à une *vis armata*. L'édit portait en effet que l'interdit serait délivré, même après l'année, pour ce dont a profité l'auteur de la violence (11) (M. Pellat, cours sur les Pandectes, 1844-45).

85. E.—Toujours parmi les fins de non-recevoir dont l'effet était simplement suspensif de l'action *comm. div.*, il en existait une autre fondée sur l'inobservation des règles de la compétence en matière de partage. Lorsque la personne actionnée prétendait que le *forum*, devant lequel elle était traduite, n'était pas compétent, elle pouvait repousser l'action intentée contr'elle par la *præscriptio fori*.

Mais quel était à Rome le tribunal compétent *ratione loci* pour connaître de l'action *comm. div*? L'insuffisance des textes sur ce point ne permet pas à l'interprète de sortir du domaine de la conjecture, *actor sequitur forum rei*, telle est en droit romain la règle fondamentale de toute compétence pour les actions réelles comme pour les actions personnelles (12). Mais dans les demandes en restitution de fidéicommis, on avait admis que le demandeur pouvait porter son affaire devant le magistrat du lieu où se trouvait la majeure partie de l'hérédité. Seulement au cas où cette condition n'était pas remplie, la personne attaquée avait le droit,

(11) *L. Prætor ait* 1, D., *de vi et de vi arm.*, 43, 16. — (12) *C. Actor rei* 3, C., *ubi in rem*, 3, 19.

pour obtenir son renvoi, de faire insérer dans la formule la *præscriptio : ea res agatur, si major pars hereditatis alibi non est* (13).

La suite du Digeste et du Code ne présente, il est vrai, aucun texte qui étend aux demandes en partage cette règle spéciale. Mais l'application du principe général, encore raisonnable dans l'hypothèse de deux copropriétaires par indivis, devient bien difficile à admettre quand leur nombre est plus considérable. Celui qui, le premier, voudrait agir, se verrait dans la nécessité d'actionner chaque communiste devant le tribunal de son domicile, et ne pourrait sortir d'indivision que par une série de sentences, en allant de juridiction en juridiction. Puis chacun des autres devrait à son tour commencer la même marche, jusqu'au moment où, deux seulement restant dans l'indivision, le dernier *judex* mettrait fin à la dernière instance. Quelles complications, et partant quelles difficultés de liquidation ! Comment admettre que le législateur romain imposait aux parties un tel mode de procéder ? Ce n'est pas seulement la raison, mais un texte même autorise à le croire.

Pomponius, au sujet d'une question de partage, pose une règle qui exige, pour en faciliter l'opération, la réunion de tous les cohéritiers ou communistes au même lieu (14). Ce lieu, devant le tribunal duquel les actions divisoires devaient être portées, ne pouvait être évidemment que celui de la situation de la masse héréditaire ou de la chose commune (c).

(13) L. *Si fideicommissum* 50, D., *de jud.*, 5, 1.
(14) L. *Si inter plures*, 1, D., *de quib. reb. ad eumd. jud.*, 11, 2.

(c) Quand il s'agissait de déterminer si un magistrat était

SECONDE CATÉGORIE. — *Fins de non-recevoir péremp-*
toires.

86. A. Lorsque la chose indivise était de telle nature que son partage dût amener une injustice, comme
par exemple la violation d'un droit de propriété, Ulpien
nous apprend que dans ce cas l'action *comm. div.* était
refusée, et il en fournit l'exemple suivant :

Deux personnes ont un vestibule commun, qui est la
seule issue par laquelle ils puissent pénétrer dans leurs
habitations. Le vestibule est d'ordinaire insusceptible
d'être divisé, et la licitation est pour lui nécessaire. Or
cette licitation dans l'espèce conduirait toujours à un
résultat inique. On le comprendra aisément. Si le *judex*
comm. div. adjuge le vestibule tout entier à l'un des
copropriétaires, l'autre perdra tout accès pour pénétrer
dans sa maison. Il serait facile sans doute d'éviter ce
grave inconvénient, en mettant aux enchères, avec le
vestibule, la maison du communiste non adjudicataire ;
mais l'équité ne permet pas cette expropriation forcée
dans l'intérêt d'un particulier (15).

(15) L. *Arbor* 19, § *De vestibulo* 1, h. t.

---

compétent à raison de l'importance pécuniaire de la demande, les
jurisconsultes romains étaient partagés. Ofilius pensait que l'on ne
devait estimer que la part indivise de celui qui intentait l'action
comm. div. ; Cassius et Pegasus soutenaient au contraire que
l'estimation devait porter sur la totalité de la chose à diviser ,
parce que l'action embrasse toute la chose indivise, qui du reste
peut être adjugée entière au communiste poursuivant. Ces raisons
paraissaient à Gaius déterminantes en faveur de ce dernier sentiment, et c'est celui qui a triomphé dans la législation de Justinien
(*l. Si idem 11 § Si una 2, D., de jurisd., 2, 1*).

87. B. La loi Licinia fondait encore une fin de non-recevoir péremptoire contre la demande de l'action *comm. div.* Il faut supposer qu'un communiste, prévoyant que les nécessités du partage amèneront la licitation de la chose commune, et ne se croyant pas de force à lutter aux enchères contre son copropriétaire, aliène la portion indivise qui lui revient, uniquement dans le but de donner à son colicitant un adversaire plus puissant, et, quand celui-ci se sera fait adjuger la chose à vil prix, de l'acquérir de lui. Une disposition législative réprimait cette fraude en privant du droit d'intenter l'action en partage et l'acquéreur complice et l'aliénateur *judicii mutandi causa* dans le cas où il aurait racheté la part qu'il avait vendue. (16). Le préteur avait de son côté organisé une action *in factum* en faveur du copropriétaire lésé pour se faire indemniser du dommage qu'il avait pu souffrir (n° 61, III°).

88. C.— Une dernière fin de non-recevoir résultait de la prescription de trente ans. A l'époque des jurisconsultes, l'action *comm. div.*, comme toutes les autres actions civiles, était perpétuelle. Ce fut seulement sous le Bas-Empire que les constitutions impériales limitèrent à trente ans l'exercice de toutes les actions, et particulièrement celui des actions divisoires (17). L'arbitraire du législateur consacrait par cette disposition une hérésie juridique ; car le droit au partage a sa source, non dans le fait qui donne lieu à l'état d'indivision, mais dans cet état lui-même ; dès lors il n'y a pas de prescription possible contre une action qui renaît et se renouvelle à chaque instant.

(16) *L. Si quis judicii* 12, D. *de alien. jud. mut.*, 4, 7. — (17) *L. Sicut in rem* 3, C., *de præsc.* XXX *vel* XL *ann.*, 7, 39; C. *Super annali* 1, § *Ad hæc* 1, C., *de ann. except.*, 7, 37.

DROIT FRANÇAIS.

Des propres des époux sous la communauté légale, considérés sous le rapport de leurs causes d'acquisition.

Sous le régime de la communauté légale, on distingue deux sortes de biens : 1° les *biens communs*, qui appartiennent à la communauté en pleine propriété ; 2° les *biens propres* des époux, qui n'y tombent que pour l'usufruit seulement, et que sous l'ancien Droit on appelait d'un nom sujet à confusion *propres de communauté*. C'est à l'étude de ces derniers biens seulement que la présente thèse est consacrée ; et comme ce sujet, pour être convenablement traité, donnerait lieu à de trop larges développements, l'on n'y examine que leurs causes d'acquisition. (C. Nap, art. 1401-148).

Les données de l'ancien Droit Français sur la matière feront l'objet d'une première partie ; une seconde traitera du Droit actuel.

PREMIÈRE PARTIE.

Ancien Droit Français.

1. « Le Droit Romain n'a rien de ce que nous prati-
» quons touchant les propres ; il a des principes directe-
» ment opposés et des maximes toutes différentes ; car,

» par le Droit Romain, il n'y a point de communauté
» de biens entre le mari et la femme ; la femme n'a
» point de part dans le travail et dans l'industrie de
» son mari ; le mari jouit seulement de la dot de sa
» femme pour soulager les charges du mariage, et sa
» femme a ses autres biens qu'on appelle parapher-
» naux, desquels elle jouit séparément et indépendam-
» ment de son mari. » (*Renusson, tr. des propres, ch.
I, sect. I, n° 5*).

C'est donc dans le droit germanique, berceau de
la communauté coutumière, qu'il faut chercher les origines de notre sujet.

2. Malgré la confusion de la plus grande partie de
leurs biens et leurs droits réciproques à sa dissolution,
le mari et la femme, dans les mœurs germaines,
pouvaient avoir un patrimoine séparé. On en trouve une
preuve manifeste dans la loi des Francs Ripuaires, qui
permettait aux époux, sous certaines conditions, de se
faire un don mutuel. (Tit. XLVIII).

La femme mariée était donc susceptible d'avoir des
biens personnels. Ces biens dérivaient de trois sources
différentes.

a. — Il y avait d'abord les biens qu'elle recevait de sa
famille lors de son mariage. Le nom générique qui servait à les désigner, indique leur nature. On les appelait
faderfium (*Vaders fels*, troupeaux du père); ou encore
fadergum (*Vuder geld*, argent du père).

b. — Elle avait aussi dans son patrimoine les biens
qui lui advenaient depuis son mariage, à titre de succession, de donation ou autrement. C'étaient les acquêts.

c. — Enfin, quand le prix du *mundium*, *nuptiale
pretium*, *reipus*, que devait acquitter le fiancé pour ac-

quérir la puissance maritale , cessa d'être payé aux parents de la femme pour lui être donné à elle-même sous le nom *meta* ou de *methium* (L. de Rotharis, 178, 199), l'époux du droit germanique compta une autre cause d'acquisition de biens personnels. Plus tard ; le prix *du mundium* se transforma ; perdant le caractère de prix d'achat , il revêtit celui d'une donation , et reçut la qualification de *dos legitima*. Enfin , cette dot elle-même se fondit avec une autre institution , le *morgengabè* (présent du matin) , et constitua le *doarium* ou la dot canonique (*Ducange* , *gloss.* , *in* Vᵒ *dos* ; *doarium* (1).

3. Quel était , à l'époque des lois barbares , le pouvoir du mari sur les biens de la femme?

L'étendue de ce pouvoir dépendait de la nature des biens. On les rangeait dans deux catégories : les *propres* d'abord , puis le reste des biens.

Les propres étaient les *immeubles* échus par héritage , ou ceux qui ayant été distribués par le sort après la conquête , leur avaient été assimilés. Les lois Barbares les désignent par diverses appellations. La loi des Bourguignons (XIV, 5) les définit : *terra quam pater, sortis jure possidens, mortis tempore dereliquit* ; dans la loi Salique ils sont appelés *terra salica, terræ hereditas, alodis terræ* ; dans la loi Ripuaire , *terra aviatica*. Les formules de Marculfe surtout contiennent des qualifications expressives qui séparent nettement les propres des autres espèces de choses , meubles , acquêts , etc. (I, 33 ; II, 6 ; II, 7 ; II, 12).

(1) Voy. hist. du rég. dot. et de la comm. ; par M. Ginoulhiac.

Le pouvoir du mari sur les biens de sa femme déri-
vait du *mundium* qu'il acquérait du père ou du frère,
par achat dans l'origine. Relativement aux propres, le
mari *mundwald* n'avait pas le droit d'aliénation ; mais
il en gagnait les fruits. Quant au reste des biens de
la femme, il n'en était pas simplement administra-
teur, il avait la faculté entière d'en disposer. « *Quæ-
cumque mulier Burgundia vel Romana voluntate sua
ad maritum ambulaverit, jubemus ut maritus ipse,
facultate ipsius mulieris, sicut in eam habet potesta-
tem, ita et de rebus suis habeat* (*L. Burg., additamen,
t. XIII*). — On ne tarda pas cependant à restreindre aux
meubles le droit de disposition ; et les lois de Luitprand
(*l. IV, 4*), certaines chartes rapportées par Muratori
(*diss., 20 et 22*) prouvent que le mari ne pouvait aliéner
les *immeubles* de sa femme qu'avec son consentement,
dont la liberté était garantie par la présence de deux
ou trois de ses parents (*M. Ginoulhiac, op. cit., p. 223*).

4. Pour conclure, nous dirons qu'à cette époque primitive où du reste les éléments de la communauté
n'existaient qu'en germe, les biens personnels des époux
ou, comme on les appela plus tard les propres de communauté, se réduisaient presque aux propres de succession.

5. Vient maintenant l'époque féodale et de l'ancien
Droit coutumier.

Les biens arrivent encore à la femme par trois sources différentes. Sous d'autres noms, les institutions de
l'époque barbare sont restées les mêmes.

Outre les acquêts, qui lui advenaient pendant le mariage, l'épouse recevait de son mari un douaire, maintenant appelé *dotalitium*, et que Glanville définit : *Quod*

liber homo dat sponsæ suæ ad ostium ecclesiæ propter nup-
tias futuras et onus matrimonii et educationem liberorum
quum fuerint procreati, si vir præmoriatur. (Ducange,
gloss., V[ia] Dos, Doarium.)

Elle recevait aussi de ses parents certains biens, qui
constituaient son apport. C'était l'ancien *faderfium* qu'on
nommait *maritagium* dans le latin du moyen-âge, et dans
nos anciens coutumiers *mariage avenant* (Etabliss., I,
ch. IX ; Normandie, 261).

7. Tous ces biens n'étaient pas des propres ; il faut
dire toutefois que le nombre de ceux-ci s'était beaucoup accru.

Le *dotalitium* d'abord entrait dans le patrimoine propre de la femme, et même des enfants. « *Douaire propre*
aux enfants, dit Loysel (I, 3, règ. 23), *est une légitime*
coutumière prise sur les biens du père par le moyen et bé-
néfice de leur mère. » — De même, les choses tant mobilières qu'immobilières, qui composaient le *maritagium,*
pouvaient être stipulées propres. M. Passy (*thèse de*
Doctorat, p. 46, *note* 2,) cite un contrat de mariage de
1302, dans lequel il avait été convenu que les acquêts
faits avec le *maritagium,* et aussi l'argent lui-même
resteraient propres et reviendraient, à défaut d'hoirs,
aux plus proches parents de la femme (D. Plancher,
tome II, p. 110, n. 175).

Deux autres documents, découverts par le même auteur, prouvent que dès cette époque la femme pouvait
faire pendant son mariage des acquêts qui lui étaient
propres. — *Notum esse volumus quod Jaquelina, uxor*
Odonis de sancto Mederico, dedit et concessit ecclesie sancti
Germani de Pratis in eleemosynam, assensu et voluntate
prædicti Odonis mariti sui, medietatem terre quam eme-

runt a Federico, 1199 (Arch. de l'Emp., Cart. de St-Germain-des-Prés, L. L. 1026, p. 27 V°). — *Hanni-dis relicta Roberti de Molendinis dedit omnia sua mobilia, et acquestus que habet, et acquirebit ipsa vivente, 1265* (Bibl. imp., fonds des cart., 106, Cart. de St-Médard de Soissons, f. 142 V°.)

Demeurait toujours du reste cette cause d'acquisition de propres que déjà nous avons signalée sous la période précédente, la succession des parents.

On voit par ce court aperçu que les biens, compris sous la dénomination de propres, étaient devenus plus nombreux. Le droit se développait en faveur de la femme.

8. Si l'on veut maintenant déterminer l'étendue du pouvoir marital sur le patrimoine de l'épouse, il faut encore distinguer les propres des autres biens. — Relativement à ceux qui n'étaient pas des propres, le mari avait une liberté de disposition, qui ne comportait aucune limite, aucune restriction ; elle allait jusqu'à les perdre, jusqu'à les obliger par ses délits (*Assises de la cour des Bourgeois, ch. CLXIX*, ancienne coutume de *Paris, art. 107*). Ce pouvoir, qui se confondait avec celui du propriétaire, n'était qu'une conséquence de la puissance maritale. « *Comme donc*, dit Loyseau, *les maris ont puissance sur leurs personnes, aussi l'ont-ils à plus forte raison sur leurs biens.* » (du déguerp., liv. II, ch. IV, n° 7.); le mari, disent nos anciens auteurs, est *baillistre, gardien et mainburnissière*, mots qui expriment un pouvoir tenant à la fois du *mundium* germanique ou *mundeburlium* et de la tutelle féodale, bail ou simple garde. (Loysel, 1, 4, règ. 3.) — *Mes voirs est*, dit Beaumanoir (ch. 21, 2, ch. 57, 2), que, tant comme

ils vivent ensemble, li Ilons en est mainburnissière, et convient que la famme sueffre et obeisse de tant comme il appartient à leurs muebles et as despuelles de lor hirelages, tout soit ce que li feme y voie se perte leut apertement, si convient il qu'ele sueffre la volonté de son seyneur. Car li maris de drois communs est sires de ses biens et des biens à sa feme »

De plus à la dissolution du mariage, le mari noble, comme conséquence de sa qualité de *bail* de sa femme, gagnait tous ses meubles et tous ses acquêts, à l'exception pourtant des meubles et acquêts propres. *Entre gens coustumiers* (roturiers) le mari n'étant que *mainbour*, ne pouvait en retenir que la moitié.

Quant aux immeubles, le mari n'avait sur eux qu'un droit d'administration et de jouissance, qui découlait toujours de son titre de *bail*, de *garde* ou de *mainbour*.

Il n'était fondé à intenter que les actions sessoires ; aucune Coutume ne lui reconnaissait le pouvoir d'exercer les actions pétitoires (Péronne, 124).

La nue-propriété des biens propres était donc au dessus de la puissance du mari, celui-ci n'en pouvait disposer qu'à la condition d'obtenir la permission de la femme; la vente du propre sans son consentement était radicalement nulle. *« Mes voirs est que li treffons de l'hirelage, qui est de par la feme, ne pot li maris vendre, se ce n'est de l'otroi et de le volonté de se feme. »* (Beaumanoir, ch. 21, § 2.) —Voir aussi ; *Monuments du Tiers-Etat*, t. III, p. 150 ; — *Livre de jostice et de plet*, p. 173, l. IX, t. I, § 4; les *Olim*, t. I, p. 150.

9. Toutefois les propres n'étaient pas à couvert de la mauvaise administration de l'époux; il avait un moyen indirect de les aliéner en s'obligeant lui-même; car la

femme devait payer, même sur eux, la moitié des dettes (*Cout. de St-Disier, XIIIe siècle, dans les Doc. inéd., t. II, p. 325, § 227.* — *Coquille sur Nivernais, tit. XXIII, art. 1; Ferrières et ses annotateurs sur l'article 237 de la Cout. de Paris, t. I, p. 596.*) Mais les auteurs et la jurisprudence s'unirent bientôt pour prévenir ce résultat désastreux. Un arrêt du Parlement de Paris du 14 août 1567 décida que la veuve prendrait ses propres, affranchis de la charge des dettes faites par le mari (*Coquille sur Nivernais, t. XXIII, art. 7, Inst. au droit fr., t. des droits des gens mariés, question 109*). Cette jurisprudence, lors de la révision des coutumes, devint de droit commun; elle fut consacrée dans l'art. 228 de la *Nouvelle Coutume de Paris* (*M. Passy, Thèse de doct., p. 67.*)

10. Dès cette époque, apparaît une nouvelle cause d'acquisition de propres, le *remploi conventionnel.* Quand la femme avait consenti à l'aliénation de son propre, le mari était tenu de faire remploi du prix, s'il avait été convenu entre les parties qu'il serait consacré à l'acquisition d'autres immeubles, qui seraient propres comme le bien aliéné.

Pour le *remploi légal,* son existence est douteuse au XIIIe siècle (*Les Olim, t. I, p. 150*), et même longtemps après, elle offrait encore la même incertitude. Loysel, dans ses *Institutes coutumières (l. I, t. 2, règ. 16),* et son annotateur Delaurière, pensaient qu'il n'y avait pas remploi du prix, qu'il tombait en communauté, et suivait la condition des autres biens non propres. D'après eux, le remploi devait être stipulé. Ce n'est qu'à la fin du XIVe siècle que l'idée du remploi légal commence à se faire jour (*Baluze, Hist. généal. de la Maison d'Auver-*

gne, p. 775). Enfin, au XVI⁰ siècle, un arrêt célèbre de 1567 ayant décidé que les deniers provenant de la vente d'un propre de la femme ne tomberaient pas en communauté, l'art. 232 de la *Nouvelle Coutume de Paris* fit prévaloir cette jurisprudence. Un autre arrêt de 1585 décida que, si les biens de la communauté ne suffisaient pas, le remploi se ferait sur les propres du mari.

11. Nous sommes arrivé à l'époque de la rédaction officielle des Coutumes. Le régime de la communauté y subit ses dernières transformations, et il apparaît tel à peu près que le Code Nap. le consacre dans le titre du Contrat de mariage.

Alors on distingue trois patrimoines : le patrimoine de la communauté, qui comprend les biens communs, celui du mari et celui de la femme, composés des propres respectifs de chaque époux.

Ce mot *propres* présente dans les Coutumes deux sens différents. « *Quod nos vulgo vocamus proprium, dupliciter accipitur : uno et principali modo, pro obventis ex successione prædecessorum ; alio et incidenti modo, pro omnibus quæ non cadunt in societatem bonorum, quæ est inter virum et uxorem, sed manent alteri propria, quamvis sint de acquestu.* » (Charles du Moulin, *Cout. de Paris,* § 31.)

Les premiers biens étaient les *propres de succession ;* les seconds, les *propres de communauté,* expression inexacte et amphibologique, comme le remarque judicieusement Renusson : « Quand on parle de propres de » communauté, dit-il, on entend tout ce qui n'entre point » dans la communauté des conjoints par mariage ; en quoi » l'on pouvait dire que les termes ne conviennent pas

» bien, pour expliquer la chose ; car il semble qu'en
» disant *propres de communauté*, on voudrait dire qu'ils
» seraient de la communauté, et non pas qu'ils en se-
» raient exclus ; mais ce sont des termes qui se sont
» consacrés par l'usage qu'on ne peut pas changer. La
» raison qu'on peut donner de cet usage est que ces
» sortes de propres ne sont pas propres simplement et
» absolument, mais seulement propres *respective*, à
» l'égard de la communauté, et c'est pour cela qu'on
» les appelle propres de communauté. Cette qualité de
» propres de communauté n'a pas de suite ni de du-
» rée, et, comme elle n'a lieu qu'à l'égard de la com-
» munauté, elle finit par la mort de l'un ou de l'autre
» des conjoints et par le partage des biens de la com-
» munauté. » (*Renusson, des Propr.*, ch. 1, sect. 3, nº 6.)

12 Les propres de succession comprenaient : *a* les
immeubles et droits immobiliers échus par succession
directe, soit aux descendants, soit aux ascendants,
et ceux échus par succession collatérale ; — *b* les mêmes
biens échus par donation directe au profit des *descendants
seulement*, tous les autres constituaient des *acquêts ;* —
c les immeubles, qui passent du père au fils par accom-
modements de famille, et que la jurisprudence regardait
comme des avancements d'hoirie, par exemple lorsqu'un
ascendant fait à son fils, marié sous le régime de communauté, abandon d'un immeuble à la charge de payer
ses dettes en totalité ou en partie, ou bien à titre de
paiement ; — *d* les immeubles acquis par un partage ou
sur licitation, quand même ils excéderaient le montant
de la part héréditaire. (*Pothier, comm.*, nºs 105-157.)

13 Les propres de communauté, auxquels étaient
opposés les conquêts, dérivaient aussi de plusieurs
sources. Ils se composaient :

a De tous les propres de succession , qui viennent d'être énumérés ;

b De tous les immeubles dont les époux avaient la propriété ou la possession *ad usucapionem* au moment de la célébration du mariage ;

c Des biens acquis par l'un des conjoints en vertu d'un droit qui n'était pas cessible, tel par exemple que le droit de retrait lignager. (M. Ch. Giraud, de l'Institut, précis du dr. cout. fr. , p. 76).

d Des choses données par toute autre personne qu'un ascendant, lorsqu'elles sont faites sous la condition que les choses données seraient propres au donataire. Il résulte de là que, sous notre ancien droit, la donation était une cause d'acquisition de propres, même pour les immeubles. Disposition à remarquer ; nous verrons en effet que le droit actuel s'est écarté sur ce point des données de l'ancienne jurisprudence.

e Des immeubles subrogés à des propres , tels que ceux qui sont acquis en remploi des sommes provenant de l'aliénation d'un bien personnel de l'un des époux. Avant 1580, l'année de la réformation de la Coutume de Paris, le mari n'était tenu du remploi qu'autant qu'il avait été stipulé par le contrat de mariage ; c'est ce qui avait donné lieu à cet adage de notre ancien droit : *le mari ne se peut lever assez matin pour vendre le bien de sa femme* , parce qu'il profitait des deniers tombés en communauté. Mais, pour empêcher les conjoints de s'avantager mutuellement par des dons indirects, l'art. 232 de la Nouvelle Coutume, consacra la nécessité du remploi qui désormais fut dû sans stipulation.

f Des portions d'immeubles indivis, dont le mari se rend adjudicataire sur licitation, immeubles dans lesquels

9

la femme avait déjà une part à titre de propre. La portion acquise par l'époux va se réunir à celle qu'avait déjà la femme qui se trouve obligée *volens nolens* d'indemniser la communauté du prix de cette part. Les inconvénients de ce système attirèrent les réformes des rédacteurs du Code Nap., et produisirent une nouvelle institution, le retrait d'indivision, ainsi que nous le développerons plus bas.

13. Ce qui précède n'est, comme on le voit qu'une indication rapide des différentes causes d'acquisition des propres sous notre ancien droit. Nous avons dû borner là nos explications, pour ne pas tomber dans des redites nombreuses en étudiant la même matière dans la législation actuelle qui n'y a apporté que peu de changements.

SECONDE PARTIE.

DROIT ACTUEL.

14. Le Code Napoléon, relativement aux causes d'acquisition des biens propres des époux sous la communauté légale, consacre dans l'art. 1402 une règle déjà admise sous notre ancienne jurisprudence, et qu'on peut formuler ainsi : *En principe, toutes les causes d'acquisition forment des biens communs ; les causes d'acquisition qui font les propres sont l'exception.* Cette règle fondamentale qui établit en faveur de la communauté une présomption d'acquisition, est applicable aux meubles aussi bien qu'aux immeubles ; à ce point de vue, la lettre de l'art. 1402 est trop restreinte.

Cette présomption a un fondement juridique. — La communauté, possédant pendant sa durée tous les biens : les biens communs, et mêmes les biens propres, puisqu'elle en est usufruitière, est reputée avoir la pleine propriété de tous, parce que le possesseur est toujours présumé propriétaire.

15. Elle entraîne une double conséquence :

a. — L'époux qui, à la dissolution de la communauté, prétend que tel bien lui est personnel, doit prouver qu'il l'a acquis en vertu d'une cause qui fait les propres.

b. — La détermination précise et complète de tou-

tes les causes d'acquisition de propres fait connaître en
même temps la composition exacte de la communauté ;
car tout bien, qui n'est pas personnel à l'un des époux
est par là même commun. — Notre législateur n'a
pas su tirer profit, sous le rapport de la rédaction du
texte, de cette conséquence de son principe : au lieu
de se borner à indiquer toutes les causes d'acquisition
de propres, ce qui aurait suffi, il a cru devoir énumérer
successivement les deux catégories de biens (art 1401-
1408).

Cette règle posée, il faut maintenant rechercher quelles sont les causes d'acquisition des propres mobiliers;
qnelles sont celles des propres immobiliers.

SECTION I. — *Causes d'acquisition des propres mobiliers.*

16. Elles sont au nombre de cinq :

A. — Clause formelle insérée dans une donation ou
dans un legs de meubles, et portant que les biens donnés ou légués n'entreront pas en communauté.

B. — Détachement d'un propre, de produits dont la
nature est exclusive du caractère de fruits.

C. — Caractère incessible du meuble.

D. — Subrogation réelle d'un meuble à un propre
mobilier ou immobilier.

E. — Volonté de la loi.

§ 1. — *Clause formelle insérée dans une donation ou un
legs de meubles.*

17. Quand cette clause porte que les meubles donnés ou légués ne tomberont pas en communauté, ces

biens, aux termes de l'art. 1401-1° du C. N., resteront propres à l'époux donataire ou légataire.

Cette disposition se justifie à deux points de vue.

a. — Elle ne fait qu'appliquer ce principe de droit naturel : qu'il doit être au pouvoir de celui qui donne d'apposer à sa libéralité telles restrictions que bon lui semble. *Donator liberalitati suæ legem suam dicere potest.*

b. — Elle ménage l'intérêt de la communauté. Le plus souvent, si le donateur ne pouvait pas assurer à l'un des époux exclusivement à l'autre le bénéfice de sa libéralité, il s'abstiendrait de la faire, et la communauté manquerait de gagner le droit d'usufruit sur les biens, objets de la donation et du legs.

18. Mais quelle étendue faut-il donner à l'effet de la clause portant exclusion de communauté, lorsque la libéralité s'adresse à un héritier réservataire acceptant? Ne peut-elle comprendre que la partie disponible de la fortune du donateur, ou bien ses conséquences s'étendent-elles jusque sur la réserve?

L'intérêt de la question s'aperçoit aisément. Si la clause d'exclusion n'a de force que pour le disponible, le conjoint de l'époux gratifié aura le droit de demander que l'excédant soit versé dans la communauté.

Les solutions sont diverses dans la doctrine.

La clause d'exclusion est valable, dit-on, pour la totalité des biens donnés, parce que, la réserve étant un bénéfice établi en faveur de l'héritier réservataire, il n'est pas permis de le retourner contre lui; ce qui arriverait pourtant, si l'action en réduction pouvait être exercée par la communauté (*Toullier, M. Bugnet, M. Humbert à son cours*).

L'opinion contraire me semble préférable. Le droit à la réduction, s'exerçant sur une succession mobilière, est un meuble, qui tombe en communauté (*C. N.*, art. 1401-1°); par conséquent la communauté doit pouvoir l'exercer comme tout ayant-cause de l'héritier réservataire (*C. N.*, art. 921). — On peut ajouter cette considération qu'au jour du contrat de mariage, le conjoint du donataire a dû concevoir l'espérance d'avoir sa part dans la réserve de son conjoint, que cet espoir était légitime, puisque, la réserve étant attribuée par la loi à l'héritier réservataire, les parties ne sauraient par leurs conventions privées, mettre obstacle à sa volonté (*MM. Valette, Rodière et Pont, Marcadé*).

En vain objecte-t-on que la réserve ne peut pas être retournée contre le réservataire. Cette proposition n'a qu'une apparence de vérité. Ainsi, lorsqu'une personne a légué à son fils tous ses biens avec la clause qu'ils seront tous insaisissables entre ses mains, nul ne doute que les créanciers du fils ne puissent exercer l'action en réduction pour faire tomber dans le patrimoine de leur débiteur *jure hereditario*, et par suite comme saisissable, la portion des biens qui composent la quotité réservée (*C. P. C.*, art. 581, 5°).

§ 2. — *Détachement d'un propre, de produits dont la nature est exclusive du caractère de fruit.*

10. Cette cause d'acquisition se résume dans cette formule : *les produits des biens propres constituent des propres mobiliers.*

Les *fruits* sont tous les revenus qu'une chose est destinée à rendre (*C. N.*, art. 583 et 584), ou que par la présomption de la loi les parties ont dû soumettre au régime des fruits (*C. N.*, art. 898).

Les *produits* sont toutes les fractions d'une chose qui ne présentent ni l'un ni l'autre de ces caractères.

La règle que les produits des propres sont propres, est écrite, mais en termes trop restreints, dans l'art 1403, 3 al. du C. N. Ce ne sont pas seulement les produits des mines et carrières ouvertes pendant le mariage, qui ne tombent pas en communauté, mais encore ceux des bois de haute futaie mis en coupes réglées seulement pendant sa durée (*C. N.*, art. 591 et 592), et généralement toutes les fractions de propres qui ne peuvent être dites des fruits.

20. L'application de ce principe n'a soulevé de controverse que dans l'hypothèse de l'invention d'un trésor.

Aucune difficulté ne s'élève lorsque c'est dans le fonds d'autrui qu'un époux l'a trouvé. Tous les auteurs enseignent que la moitié, à laquelle l'époux a droit *jure inventionis* (*C. N.*, art. 716), doit être regardée comme le résultat de son industrie, et entrer en communauté comme tout autre meuble acquis par l'un des conjoints.

Là où se partagent les esprits, c'est dans le cas où le trésor a été découvert dans un propre d'un époux, par lui ou par un tiers.

Les uns enseignent que la portion qui revient à l'époux propriétaire *jure soli*, doit lui rester propre, parce que la loi (*C. N.*, art. 598) assimile le trésor aux produits, et que telle était du reste l'opinion de Pothier (*Marcadé, M. Aubry et Rau*).

Les autres (et c'est leur sentiment que j'adopte) soutiennent que le trésor tombe toujours en communauté, même pour la portion qui est attribuée à l'époux jure *soli*. Le trésor en effet n'est pas plus un produit qu'un fruit, parce que l'expression *produit* implique l'idée d'une provenance ou d'une fraction de la chose et que le trésor n'est pas une partie intégrante du fonds dans lequel il est trouvé. Aussi n'est-ce pas comme usufruitière et par application de l'art. 1401-2°, que la communauté en profitera, mais en vertu du principe que tous les meubles, qui adviennent à l'un ou à l'autre des époux pendant sa durée, sont communs, et par application de l'art. 1401-1°. — Quant à l'argument tiré de l'autorité de Pothier, il est complétement neutralisé par l'opinion de d'Argentré, de Duplessis, de Berroyer et de Delaurière, qui, contraire à celle du jurisconsulte d'Orléans, révèle une controverse sur la question, même dans notre ancien droit (*MM. Rodière et Pont, M. Humbert à son cours*).

§ 3. — *Caractère incessible du meuble.*

21. Rentrent dans cette cause d'acquisition tous les droits mobiliers exclusivement attachés à la personne du conjoint, et qui, n'étant pas susceptibles de cession, ne peuvent passer de son patrimoine dans celui de la communauté.

Tels sont les droits d'usage s'exerçant sur une chose mobilière ; les pensions ou rentes constituées à titre d'aliments au profit de l'un des époux, soit en vertu de la loi, soit en vertu d'un acte de libéralité ; les pensions militaires ou civiles et celles de la Légion-d'honneur (*Av. du Cons. d'Et. des 23 janv. et 2 févr. 1808 ; lois du 11 av. 1831, art. 28; du 18 av. 1831, art. 30; du 9 juin 1855*;); les rentes viagères attachées à la médaille militaire, les dotations des membres du sénat, enfin les sommes attribuées aux réengagés et engagés volontaires après libération par les art. 12 et 13 de la loi sur la dotation de l'armée.

§ 4. — *Subrogation réelle d'un meuble à un propre mobilier ou immobilier.*

22. La subrogation est ce phénomène juridique qui donne à une chose le caractère qu'avait un autre. — Un exemple évident de subrogation est celui de l'échange, quand un meuble vient remplacer un propre dans le patrimoine d'un des époux ; il revêt le caractère de propre qu'avait la chose dont il tient la place. Le même phénomène se produit dans le cas de vente d'un bien personnel à l'un des conjoints ; le prix (1) ou la créance du prix ne tombent pas dans l'actif *définitif* de la communauté.

Ces effets de la subrogation réelle mobilière, que la loi ne porte pas écrits en termes formels, résultent implicitement de l'art. 1433 C. N., qui pose le principe :

(1) On dit généralement que le prix de vente d'un bien personnel à l'un des époux n'est pas un propre, que la créance du prix, seule, a ce caractère. C'est une inexactitude de langage. — Le prix est propre tout comme la créance. La circonstance que la communauté en devient propriétaire ne lui enlève pas sa qualité ; elle n'a d'influence qu'au point de vue de la condition des propres pendant la durée du régime. On répute biens propres les produits des mines et carrières dont parle l'art. 1403, 3º al., et cependant la communauté en devient propriétaire !

que la communauté ne doit pas être avantagée aux dépens des propres de l'un des conjoints.

Il est ici besoin d'examiner quelques hypothèses dans lesquelles l'application de la règle a soulevé quelque difficulté.

23. A. Lorsqu'un incendie détruit les propres assurés d'un époux, celui-ci acquiert par cet événement contre la compagnie une créance en réparation du dommage causé ; cette créance entrerait-elle en communauté en vertu de l'art. 1401-1° ; ou bien restera-elle propre à l'époux assuré par l'effet de la subrogation réelle ?

Je tiens avec M. Humbert pour ce dernier sentiment. Il est certain que le propriétaire, en passant le contrat d'assurance, a voulu se ménager, en cas d'accident, le paiement d'une valeur qui viendrait remplacer dans son patrimoine l'immeuble incendié. La condition d'existence de la subrogation réelle existe dans l'espèce, et si, en matière de rapport, le législateur a cru devoir la repousser (*C. N., art.* 855, il n'est permis d'en rien conclure contre son application dans les relations des époux entr'eux. (*Sic Bordeaux, 19 mars 1857, Sir.,* 57, 2, 551).

24. B. — Dans une succession purement immobilière, échue à l'un des conjoints, la soulte, qui lui est accordée pour parfaire sa part, lui reste propre, peu importe que le droit à la succession soit né après la célébration du mariage (*C. N., 1404,* 1er al.), ou même auparavant, pourvu, dans ce dernier cas, que le partage intervienne pendant le mariage (*C. N., 1402*). Il y a ici de toute nécessité substitution d'une valeur mobilière à un propre immobilier. — Il en serait autrement, si la succession

se composait à la fois de meubles et d'immeubles. Le droit de l'époux ne serait pas nécessairement immobilier ; il présenterait indéterminément le double caractère dans la mesure de la part qui lui revient. Dès lors si le partage lui attribuait des valeurs mobilières au-delà de sa portion, l'indétermination cessant, il serait réputé n'avoir jamais eu de droit que sur les biens à lui adjugés par application de l'art. 883 C. N.; tous les meubles tomberaient par suite en communauté (*C. N.*, art. 1401-1°).

25. C Lorsqu'un des époux exerce une action en rescision de la vente d'un immeuble pour cause de lésion, le supplément de prix, que l'acquéreur préfère payer à l'époux, tombe-t-il en communauté ?

Un des conjoints a vendu, avant ou après son mariage peu importe, un immeuble au-dessous des 7/12 de sa valeur ; il a une action pour faire rescinder cette vente, action fondée sur l'art. 1674 du C. N. Sur cette action, l'acquéreur, au lieu de restituer l'immeuble, paie, comme l'art. 1681 lui en donne le droit, le supplément du juste prix. Cette valeur mobilière restera-t-elle propre à l'époux vendeur, ou, pour employer l'expression de la loi, n'entrera-t-elle en communauté que sauf récompense ?

La solution réside tout entière dans la question de savoir si l'obligation de l'acquéreur, dont l'action en rescision n'est que la sanction, est alternative ou facultative. Et en effet l'obligation est-elle alternative, le caractère mobilier ou immobilier de l'action dépend de son exécution. Si donc l'acquéreur aime mieux garder le fonds en payant le supplément du juste prix, l'objet de l'action, se trouvant être un meuble par l'exécution de l'obligation, cette action a toujours été mobilière, est tombée en communauté (*C. N.*, art. 1401-1º), et la somme payée suivra la même voie. L'obligation est-elle facultative, son objet principal, c'est-à-dire celui qui est *in obligatione*, détermine seul et définitivement la nature de l'action. Et dans ce cas le supplément du juste prix ne resterait propre à l'époux vendeur qu'autant que l'objet principal de l'obligation de l'acquéreur serait de rendre l'immeuble ; car l'action en rescision, étant immobilière, est restée propre , et le supplément de prix, qui vient se substituer à elle, restera propre aussi par subrogation.

Cela posé, il est certain que l'obligation de l'acquéreur est facultative, qu'il est obligé principalement de vendre l'immeuble, et que le paiement du supplément du juste prix n'est qu'*in facultate solutionis*. D'abord l'art. 1674 n'accorde au vendeur que le droit de demander la rescision de la vente , c'est-à-dire ne lui permet de conclure qu'à la restitution de l'immeuble ; d'où il suit que cette restitution est seule *in obligatione*. La nature facultative de l'obligation résulte encore de l'art. 1681, qui donne le choix, non pas au demandeur mais seulement à l'acquéreur, et cela quand la rescision a été prononcée, et que celui-ci est déjà constitué débiteur de l'immeuble.

La conclusion doit donc être ainsi formulée : *le supplément du juste prix offert , sur l'action en rescision pour cause de lésion, par l'acquéreur d'un immeuble appartenant à l'un des conjoints, constitue un propre mobilier par l'effet de la subrogation.*

Telle est l'opinion qui prévaut aujourd'hui. On a toutefois soutenu le sentiment contraire, en se fondant

sur l'intention probable du conjoint de l'époux vendeur.
Connaissant la vente, il a dû penser que le prix entier,
dont le supplément payé par l'acquéreur n'est qu'une
partie, entrerait en communauté. Or ses légitimes espérances ne doivent pas être trompées. — Je ne vois pas
là un argument sérieux, mais une simple considération
qui ne saurait prévaloir sur les principes.

26. D. Question inverse de la précédente. Quand un
époux a acheté, avant le mariage, un immeuble à vil
prix, et que, sur l'action en rescision exercée contre lui
par le tiers vendeur, il préfère restituer l'immeuble,
le prix de vente qu'il a dans ce cas le droit de retirer
lui reste-t-il propre ?

L'opinion de Pothier, quoique généralement repoussée,
est cependant la seule juridique, la seule exacte.

Le prix tombe en communauté. Pour qu'il constituât
un propre par subrogation, il faudrait que la somme
restituée pût être considérée comme l'équivalent d'un
bien qui figurait à titre de propre dans le patrimoine de
l'époux. Or c'est ce qui n'est pas, la vente étant res-
cindée, l'époux est censé n'avoir jamais été propriétaire
de l'immeuble ; cela est si vrai que tous les droits
réels, hypothèques, servitudes, etc., qu'il a pu consentir
s'évanouissent par l'effet rétroactif de la rescision (*C.
N.*, art. 2125). Il n'y a donc pas subrogation d'une
valeur mobilière à un propre. Tout au contraire, l'époux,
étant censé n'avoir pas acquis la propriété, est aussi
réputé avoir été *ab initio*, c'est-à-dire du jour du contrat
passé avant le mariage, créancier de la somme payée
à titre de prix comme il le serait de celle qu'il aurait payée
sans cause, ayant pour la répéter la *condictio ob causam
dati re non secuta*. Cette créance étant mobilière est
tombée en communauté.

Le sentiment contraire, professé par MM. Rodière et
Pont, Aubry et Rau, s'appuie sur des arguments dont
je sens toute la portée sans m'y rendre toutefois. Il n'est
pas vrai, dit-on, que l'époux soit censé n'avoir jamais
été propriétaire ; car le législateur ne peut pas faire
par ses fictions qu'il n'ait pas un titre d'acquisition antérieur au mariage, le contrat de vente, parce que le
passé n'est pas en son pouvoir. En conséquence, l'immeuble était propre au jour de la célébration , et par
suite la somme qui lui est substituée est propre comme
lui. — Sans doute, les fictions de la loi n'opèrent qu'en
droit ; mais c'est précisément sur ce terrain qu'il faut
se placer pour résoudre une *question de droit*. Il s'agit
de savoir si *en droit*, et non pas en fait, la subrogation
a pu s'opérer. Or elle n'a pas été susceptible de se produire, puisqu'*en droit* l'immeuble n'a jamais compté
parmi les biens de l'époux.

§ 5. — *Disposition de la loi.*

27. La loi des 18-25 juin 1850, relative à la caisse
des retraites, dispose, art. 4, que, lorsque le verse-
ment a été opéré antérieurement au mariage, la rente
viagère, qui plus tard serait payée pendant sa durée ,
ne ferait point partie de la communauté. C'est là une
exception manifeste au principe de l'art. 1401-1º C. N.,
puisque le droit, que font acquérir les versements , est
purement mobilier.

On rattache généralement, pour les rentes viagères
de la caisse des retraites pour la vieillesse, la cause
qui les fait propres à l'incessibilité. C'est là une inexactitude, car ces rentes ne sont incessibles et insaisissa-

bles que jusqu'à concurrence de 360 fr., et cependant la loi les déclare propres pour le tout.

SECTION II. — *Causes d'acquisition des propres immobiliers.*

28. Ces causes d'acquisition sont au nombre de cinq :

A. — Propriété ou possession légale d'un immeuble au moment de la célébration du mariage.

B. — Acquisition d'un immeuble pendant le mariage à titre de succession.

C. — Acquisition d'un immeuble pendant le mariage à titre de donation.

D. — Cession d'immeubles consentie sous certaines conditions par l'ascendant de l'époux cessionnaire.

E. — Subrogation réelle d'un immeuble à un propre.

F. — Réunion d'une portion d'un immeuble à la part indivise qu'avait déjà dans cet immeuble à titre de propre l'un des époux.

G. — Accession.

§ 1. — *Propriété et possession légale d'un immeuble au moment de la célébration du mariage.*

29. Sont exclus de la communauté :

Iº Tous les immeubles dont les époux sont propriétaires au jour de la célébration du mariage, quand même ils n'en auraient pas la possession actuelle et qu'ils ne l'acquerraient que durant le mariage, quand même la propriété de l'immeuble ne serait pas incommutablement fixée sur leur tête, pourvu qu'au moment du mariage ils aient le germe de ce droit;

IIº Tous les immeubles dont les époux avaient, à la

même époque, la possession légale, c'est-à-dire une possession efficace pour usucaper, encore qu'elle n'eût pas couru le temps exigé pour faire acquérir la saisine possessoire (NM. Rodière et Pont, I, 420).

Cette cause d'acquisition de propres résulte des articles 1402 et 1404-1o, C. N.

30. Voici maintenant la raison de cette double disposition :

D'abord, pour les immeubles dont la propriété appartient aux époux au moment du mariage, le législateur de 1804 pensait que la valeur de tels biens était trop considérable pour supposer que les époux avaient voulu les faire entrer en communauté.

La disposition qui en exclut tous les immeubles dont les conjoints avaient simplem nt la possession légale, est encore fondée sur l'intention présumée des parties. La possession fait toujours réputer le possesseur propriétaire ; par conséquent les conjoints, qui ont trouvé au jour de la célébration l'un d'eux en possession d'un immeuble, n'ont pas dû compter que ce bien tomberait en communauté. La propriété s'appliquant à un immeuble est, en effet, une cause d'acquisition de propres.

— Pour bien comprendre la portée du principe qui vient d'être posé, il faut l'examiner dans ses applications diverses.

31. a. — Il est d'abord incontestable que l'immeuble, qu'un des époux a acheté avant la célébration, mais dont tradition ne lui est faite que postérieurement, ne tombe pas en communauté. Il est bien vrai que cet époux n'en avait pas la possession au jour du mariage, mais il en avait la propriété (1583), ou, si l'indétermination de la chose l'avait empêché de l'acquérir, il avait du moins le germe de ce droit.

32. *b.* — Faut-il ranger parmi les propres un immeuble vendu à l'un des époux sous une condition suspensive qui ne s'accomplit que depuis le mariage? Bien que la possession de l'immeuble n'ait pas été acquise avant la célébration, il n'en est pas moins un propre de l'époux acquéreur conditionnel, parce que la condition ayant un effet rétroactif (art. 1170, C. N.), son droit de propriété date d'une époque antérieure au mariage.

33. *c.* — *Quid juris*, de l'immeuble aliéné avant la célébration sous une condition résolutoire qui se réalise pendant le mariage? — La réalisation d'une condition résolutoire opère anéantissement rétroactif de l'ancienne aliénation plutôt qu'acquisition nouvelle. L'immeuble aliéné ne rentre pas dans le patrimoine de l'époux aliénateur; par une fiction légale, il est censé n'en être jamais sorti (C. N., art. 1183). D'où cette conséquence certaine que l'immeuble reste propre à cet époux.

Ainsi l'immeuble, que l'un des conjoints avait vendu à réméré (C. N., art. 1659) avant le mariage et dont il redevient propriétaire *constante matrimonio* par l'exercice du réméré, n'entrera pas en communauté, parce que le pacte de rachat n'est autre chose qu'une condition résolutoire apposée à la vente (*Arg. de l'art. 1673-2°, C. N.*).

Ainsi encore, quand une donation antérieure au mariage est révoquée pendant sa durée pour cause de survenance d'enfants, l'immeuble qui en a été l'objet demeurera la propriété personnelle de l'époux donateur (*C. N., art. 960, 963*).

34. *d.* — Lorsque le titre d'acquisition, qui remonte

10

avant le mariage, est infecté de quelque vice, qui le
rend annulable ou rescindable; c'est par exemple une
vente passée avec un mineur ou une femme mariée
non autorisée; si celui qui a le droit de faire annuler
ou rescinder garde le silence, et que la prescription de
dix ans, éteignant l'action en nullité ou en rescision qui
compétait à l'incapable, asseoit d'une manière irrévocable le droit de l'époux acquéreur, il faut dire qu'il y a
là une source de propres, parce que la cause d'acquisition, antérieure au mariage, n'a fait que se consolider
pendant sa durée. (*MM. Aubry et Rau; Rodière et Pont,
I, 418; Marcadé.*)

35. e. — L'un des époux était, au jour de la célébration, possesseur de l'immeuble d'autrui et *in causâ
usucapiendi.* Nous savons que, si la prescription acqui-
sitive vient *constante matrimonio* transformer cette possession en un droit irrévocable, l'immeuble sera propre,
parce que l'époux en avait la possession légale au moment du mariage. C'est en vain que l'on objecterait que
la prescription a dû s'accomplir au profit de la communauté, puisque c'est elle qui a possédé l'immeuble, et
que partant c'est elle qui a prescrit; car on répondrait
avec juste raison que la communauté ne possédait pas
pour elle et à titre de propriétaire, mais comme usufruitière, et par suite au nom et pour le compte de l'époux.

Mais je suppose que l'un des conjoints a acquis avant
le mariage un immeuble d'un tiers qui n'en était pas
propriétaire et qui ne lui en fait la tradition qu'après
la célébration ; je suppose de plus qu'avant la prescription accomplie le véritable propriétaire se réveille, et
qu'au lieu d'attaquer l'époux possesseur, il traite avec
lui. Deux cas sont susceptibles de se produire.

Il peut arriver d'abord que le vrai propriétaire approuve la vente en se réservant simplement la répétition du prix contre le tiers-vendeur. Le bien ne sera pas commun. Car il y a là ratification, et, par suite, la vente est censée avoir été consentie par le mandataire du propriétaire, c'est-à-dire par une personne qui avait qualité pour transférer la propriété de la chose d'autrui, *ratihabitio mandato æquiparatur; qui mandat, ipse fecisse videtur.* La cause d'acquisition remonte donc antérieurement au mariage.

Mais le véritable propriétaire, au lieu de se réserver la répétition du prix de vente contre le tiers-vendeur, peut au contraire exiger de l'époux le paiement d'une somme représentative du prix de l'immeuble, sauf à ce dernier de recourir contre son vendeur. La situation n'est plus la même. Il n'y a pas confirmation de la première vente qui reste anéantie, mais une nouvelle vente qui ne se produit que pendant le mariage. L'immeuble ainsi acquis tombera en communauté. (C. Nap., 1401-3°).

36. *f.* — La transaction, par laquelle un immeuble possédé par un tiers lors de la célébration, est délaissé par lui en faveur de l'un des conjoints, est-elle une cause d'acquisition de propre immobilier ou de bien commun? Il faut répondre sans hésiter que l'immeuble dans l'espèce ne tombe pas en communauté; car la transaction fait présumer un droit préexistant qu'elle se propose d'assurer; elle est la confirmation d'un titre antérieur; comme le jugement, elle est simplement déclarative de droits. (C. Nap., art. 2044, 2052).

Telle est la solution que réclament les principes. Mais il peut arriver, surtout lorsque l'époux qui a transigé a payé une somme pour le délaissement de l'immeuble, que l'opération n'ait que l'apparence d'une transaction, qu'elle ne soit en réalité qu'une vente déguisée dans le but de masquer la violation de l'art. 1401-3°, C. N., et procurer à l'époux une acquisition avantageuse au profit de la communauté. Dans ce cas, la fraude étant dévoilée, l'acte produira ses conséquences naturelles, et l'immeuble tombera en communauté. — C'est là une pure question de fait dont l'appréciation n'appartient point à la doctrine, et qui du reste ne peut infirmer le principe posé; à savoir, que la transaction est une cause d'acquisition de propres. (*M. Humbert à son cours*).

37. *g.* — Un des époux, avant son mariage, a acheté à vil prix un immeuble ; depuis le mariage, le vendeur demande la rescision du contrat pour cause de lésion. L'époux acquéreur, à qui l'art. 1681 accorde le choix ou de rendre la chose en retirant le prix ou de garder le fonds en payant le supplément du juste prix, préfère ce dernier parti. Nul doute encore que le bien ne reste propre au conjoint; car la cause de l'acquisition qui est le contrat de vente, désormais devenu stable, remonte à un temps antérieur à la formation de la communauté. Seulement si le supplément de prix provenait de la caisse commune, il en serait dû récompense (*C. N.*, art. 1437). — La même solution, mais pour un motif différent, doit être donnée dans l'hypothèse inverse de la précédente. C'est maintenant un des époux qui a vendu, avant son mariage, un immeuble au dessous des 7/12 de sa juste valeur ; il a une action pour faire rescinder la vente (*C. N.*, art. 1674). L'immeuble qu'elle fera rentrer dans le patrimoine du vendeur, constituera un

propre par subrogation réelle ; il sera subrogé à la créance tendant au recouvrement de l'immeuble vendu et qui, à cause de son caractère immobilier, n'est point entrée en communauté (C. N., art. 1402).

38. h. — Examinons maintenant une hypothèse, sur laquelle les auteurs donnent peu de développements ; je veux parler des *promesses de vente* (C. N., art. 1589).

Une promesse de vendre un immeuble a été faite à l'un des époux avant son mariage ; la vente n'est consommée qu'après. La question à se poser est alors de savoir si l'immeuble est propre ou commun?

I° Il faut distinguer trois cas : la simple pollicitation, la promesse unilatérale de vendre ou d'acheter, la promesse synallagmatique de vendre et d'acheter.

Quand l'opération s'est bornée à une simple *pollicitation*, aucun engagement n'est encore contracté, parce qu'il n'y a pas *consensus in idem placitum*. Si donc, avant la célébration, une personne promet à l'un des conjoints de lui vendre tel immeuble , et que celui-ci ne s'empare pas de cette promesse, lorsque plus tard, après la célébration, la vente viendra à être conclue, l'immeuble tombera en communauté, parce que l'époux acheteur n'avait sur lui, avant le mariage, aucun germe de droit.

II° Il y a eu *promesse unilatérale de vendre*. L'époux, à qui une personne promet de vendre un immeuble, accepte cette promesse, et tient le promettant pour obligé.

Si, avec Duranton et M. Valette, on voit dans cette opération une vente conditionnelle, faite sous une condition purement potestative de la part de celui qui s'est emparé de la promesse, il faudra dire que, lorsque plus tard, *constante matrimonio*, l'époux déclarera vouloir acheter, l'immeuble lui restera propre. Car ce ne serait là que la réalisation d'une condition, dont l'effet rétroactif ferait remonter le droit de l'époux à une époque antérieure au mariage.

Je préfère adopter, sur les pas de M. Humbert (*cours de C. N.*, 1865), l'opinion de Marcadé, d'après lequel la promesse unilatérable de vendre est un véritable *contrat innommé*, conférant à celle des parties qui a accepté la promesse le droit d'obtenir plus tard une vente de l'objet pure et simple. Tant que l'opération reste en cet état, l'époux qui s'est borné à accepter sans s'obliger lui-même, n'a contre le tiers qu'une simple créance, créance immobilière, puisqu'elle tend à l'acquisition d'un immeuble.

Dans cette opinion, de même que dans la précédente, la consommation de la vente pendant la durée du mariage constitue une cause d'acquisition de propre, mais pour un motif bien différent. Ici l'immeuble demeure le bien personnel de l'époux en vertu du principe de la subrogation, il est subrogé à la créance immobilière acquise avant le mariage et qui n'était pas tombée en communauté (*C. N.*, art. 1402).

III° Passons à la troisième forme juridique que peuvent affecter les promesses de vente. L'opération qui est intervenue est *une promesse synallagmatique de vendre et d'acheter*. La personne, à qui, avant son mariage, on a offert de vendre un immeuble, non-seulement s'est emparée de cette promesse, mais s'est elle-même engagée à acheter.

La nature de cet acte est encore controversée. La généralité des commentateurs pensent avec M. Valette qu'il y a là une vente pure et simple, instantanément opérée par la volonté de la loi. Si l'on suit ce sentiment, la solution ne peut souffrir difficulté ; l'époux a la propriété de l'immeuble, même avant la célébration du mariage ; il lui restera propre par application de l'art. 1402.

Il le sera pareillement, si l'on suit au contraire l'opinion de Marcadé, qui me semble préférable, mais encore en vertu d'un autre principe. La promesse synallagmatique n'est pas une vente actuelle, mais un contrat innommé, donnent à chacune des parties le droit d'obliger l'autre, soit à vendre, soit à acheter. Quand plus tard, pendant la durée du mariage, interviendra la vente véritable, l'immeuble ne tombera pas en communauté, parce qu'il sera subrogé à la créance immobilière qui était restée propre à l'époux.

39. — Toutes les questions diverses qui viennent d'être passées en revue se résument dans cette formule: *que tous les immeubles dont les époux sont propriétaires ou simplement possesseurs avant la célébration du mariage, constituent des propres.*

Cette règle est simplement générale ; elle reçoit une exception qui se trouve écrite dans l'art. 1404, 2e al. :
— Entrent en communauté tous les immeubles, acquis dans l'intervalle du contrat de mariage à la célébration en échange de choses mobilières *destinées à y tomber.*

La raison de la loi s'aperçoit aisément. Quand un contrat de mariage a réglé les droits respectifs des époux, chacun d'eux a dû compter que la naissance de la communauté, qui n'a lieu qu'au jour de la célébration, saisirait son conjoint dans l'état de fortune où il se trouve lors du contrat. Si le législateur eût appliqué les règles ordinaires aux acquisitions d'immeubles faites dans l'intervalle des deux contrats, ces espérances légitimes auraient pu être aisément trompées ; le futur conjoint, en transformant sa fortune mobilière en immeubles, aurait eu un moyen facile d'amoindrir sa mise en communauté. La loi a déjoué ces fraudes par la sage disposition de l'art. 1404, 2e al. — Ajoutez à cela que les parties auraient trouvé dans le silence du législateur un détour qui leur aurait permis de violer impunément le principe si salutaire de l'immutabilité des conventions matrimoniales (C. N., art. 1395, 1396, 1397).

40. La raison de cette exception nous indique son étendue et ses limitations.

a. — Elle n'aura pas lieu d'abord, quand les parties n'auront pas fait de contrat de mariage. On est alors en dehors de la lettre comme de l'esprit de l'art. 1404. D'un côté le futur conjoint n'a pas pu fonder des espérances sérieuses sur la fortune de l'autre, puisqu'elles n'ont pas reçu la consécration formelle d'un contrat qui a pour but de régler la situation pécuniaire des deux époux. Il est clair d'autre part qu'en l'absence d'un contrat de mariage, on ne saurait craindre, avant la célébration, la violation du principe qui déclare irrévocables les conventions matrimoniales.

b. — L'exception n'existera pas non plus, et l'immeuble, acquis dans l'intervalle des deux contrats moyennant l'aliénation d'un capital mobilier, restera propre à l'époux acquéreur, lorsque cette acquisition

aura été prévue et réglée d'avance par quelque clause
du contrat de mariage (*1404-2°, in fine*).

c. — Il en sera de même, quand l'acquisition de
l'immeuble sera à titre gratuit, ou même à titre intéressé, pourvu que dans ce dernier cas elle ait eu lieu
moyennant l'aliénation d'un autre immeuble. Le futur
conjoint n'est pas frustré dans ses espérances ; la règle
de l'immutabilité des conventions matrimoniales est
respectée.

11. Nous venons de voir que l'immeuble, acquis dans
l'intervalle des deux contrats, entrait en communauté,
lorsqu'il l'avait été en échange de valeurs mobilières
destinées à y tomber. A l'inverse, la valeur mobilière,
acquise dans le même temps par suite de l'aliénation
d'un immeuble, qui certainement serait demeuré propre,
restera-t-elle propre aussi, comme ce bien immobilier ?—
Cette question est grandement discutée en doctrine.

Je crois avec M. Humbert, MM. Rodière et Pont (I, 320),
Marcadé, qu'aucune dérogation ne doit être faite dans
ce cas particulier aux règles générales, qui déclarent
communs tous les biens mobiliers possédés par les époux
à l'époque du mariage (*C. N.*, art. *1401-1°*).

Un argument sérieux se tire, en faveur de ce sentiment, du caractère exceptionnel de la disposition contenue dans le 2e alinéa de l'art. 1404. Le Code, à l'imitation de l'ancienne jurisprudence, pose cette double
règle : dans l'art. 1402, que tous les immeubles, qui
appartiennent aux époux le jour de la célébration, leur
demeurent propres ; dans l'art. 1401-1°, que tous les
meubles dans la même situation tombent au contraire
en communauté. La loi fait une exception à la première
règle dans l'art. 1404-2° ; elle vient d'être étudiée.

Elle n'en pose aucune relativement à la seconde. Donc celle-ci ne doit recevoir aucune exception dans la législation actuelle. — Le silence du Code Nap. est d'autant plus significatif que, sous notre ancien Droit, une dérogation était apportée au principe qui faisait entrer en communauté tous les meubles des époux à l'époque de la célébration ; elle est écrite dans Pothier. Si le législateur de 1804, qui avait sous les yeux le traité de ce jurisconsulte, ne l'a pas reproduite, il y a là une manifestation éclatante de la volonté de l'exclure.

Cette volonté du reste est fondée en raison. Quand un des futurs conjoints consacre sa fortune mobilière à acquérir des immeubles dans l'intervalle du contrat de mariage à la célébration, la fraude est à craindre, et ce danger explique la défiance de la loi. — Mais la fraude est insusceptible de se produire dans l'hypothèse contraire, quand le futur époux transforme en meubles son patrimoine immobilier ; ils tomberont en communauté. Il ne peut justement se plaindre de ce résultat préjudiciable, puisqu'il en est lui-même l'auteur volontaire.

On dit contre cette opinion qu'elle favorise les avantages indirects entre personnes sur le point de contracter mariage. Cela est bien vrai ; mais il faut observer que les avantages indirects ne sont défendus qu'entre époux; ils ne le sont pas entre futurs époux.

Une objection plus grave se tire de ce que notre sentiment permettra souvent aux futurs conjoints de changer les conditions de leur contrat de mariage à l'insu des personnes qui y ont été parties, de communiquer par exemple le bénéfice d'une donation que le donateur avait eu l'intention, même formellement manifestée, de restreindre à l'un des époux ; l'art. 1396-2° sera ainsi impunément violé ! — La bonne foi nous force à reconnaître la vérité de cette critique. On a beau dire que celui des futurs, qui, dans l'intervalle des deux contrats, convertit ses immeubles en meubles, ne déroge en aucune façon à ses conventions matrimoniales, parce que, d'après les règles du régime de la communauté légale (C. N., art. 1399), les parties sont censées avoir promis d'apporter en commun, non point le mobilier qu'elles ont au moment où elles contractent, mais celui qu'elles auraient au moment de la célébration de leur mariage (M. Mourlon, répét. écr., p. 15, 5e édit.). — Cette raison ne répond peut-être pas directement à l'objection. Elle serait péremptoire, si l'on objectait que notre opinion autorise la violation du principe de l'art. 1395, en ce qu'il permet aux époux de changer la nature de leurs biens en général et de modifier par là leur mise en communauté de l'époque du contrat à celle de la célébration du mariage. Mais l'objection est plus particulière. Notre sentiment, admis sans restriction, laisse, dit-on, chaque époux maître de rendre communs les biens immobiliers qui lui ont été donnés et qui devaient lui rester propres, sans consulter sur ce changement l'intention probablement contraire des donateurs ; il méconnaît donc évidemment la disposition du 2e al. de l'art. 1596 C. N.

L'objection est pertinente; aussi n'admettrai-je l'opinion, dans laquelle je persiste toujours, que sauf une exception, et je la formulerai dans la proposition suivante : — En principe, les meubles, acquis dans l'intervalle des deux contrats en échange d'immeubles

destinés à rester propres ; tombent en communauté,
excepté lorsque cette transformation porte sur des biens
qui ont fait l'objet d'une donation par contrat de mariage ; les immeubles, acquis en remplacement de tels
biens, resteront propres. (*M. Humbert à son cours.*)

§ 2. — *Acquisition d'un immeuble pendant le mariage
à titre de succession.*

42. Cette cause d'acquisition de propres immobiliers
résulte des art. 1402, 1404-1°, C. Nap. Elle se justifie
par l'intention des parties contractantes présumée par
la loi. Les immeubles, à l'exclusion des meubles, paraissaient au législateur de 1804 d'une telle importance,
que la volonté de les faire tomber en communauté ne
peut être présumée chez les époux, qu'elle doit être
expressément manifestée.

Cette cause d'acquisition a besoin de recevoir quelques précisions. Les immeubles de succession restent
propres, alors même que l'époux successeur en aurait
pris au-delà de sa part ; le partage ayant un effet
déclaratif, il est censé les tenir, même pour l'excédant
de valeur, non de ses co-partageants (cas auquel ils
deviendraient communs pour partie par application de
l'art. 1401-3°), mais du défunt lui-même, et par
conséquent à titre de succession. Seulement, si la soulte
est payée en valeurs de communauté, il en sera dû
récompense (art. 1437). Sur ce point, la doctrine et la
jurisprudence sont unanimes (*Req.*, 11 décembre 1850,
Dev., 51, 1, 283 ; *Douai*, 9 mai 1849, *Dev.*, 50, 2,
180).

Il en sera de même, dans l'hypothèse où la succession,

comprenant à la fois des meubles et des immeubles, le lot de l'époux successeur serait purement immobilier.

43. Voici maintenant quelques conséquences du principe qui exclut de la communauté tous les immeubles acquis pendant sa durée à titre de succession.

Le bien immobilier qui reviendra à l'époux ascendant, adoptant, ou bien frère ou sœur légitime du défunt dans l'hypothèse du retour légal (C. N., art. 747, 351, 766), lui restera propre, parce qu'il est aujourd'hui universellement reconnu que celui qui exerce le droit de retour légal est un véritable successeur.

Pareillement, les immeubles que l'un des conjoints peut avoir acquis *constante matrimonio*, en exerçant le retrait successoral (C. N., art. 841), ne seront pas biens communs, d'abord parce que le retrait successoral est un véritable droit de succession, et aussi pour un second motif qu'a fait apercevoir Toullier, parce que les conditions d'application de l'art. 1407 C. N. se trouvent réunies ; il y a acquisition de portions d'immeubles dont l'un des époux était propriétaire par indivis à titre de propre (C. N., art. 1408).

§ 3. — *Acquisition d'un immeuble pendant le mariage à titre de donation.*

44. Aux termes de l'art. 1405, les immeubles qui échoient aux époux pendant le mariage à titre de donation, n'entrent pas en communauté si le donateur ne l'a pas formellement stipulé.

Cette disposition est une heureuse innovation du Code Napoléon. Sous l'ancienne jurisprudence, les immeubles acquis de cette manière constituaient, sauf quelques exceptions, des biens communs. Évidemment, l'arbitraire du législateur, en posant un tel principe, faisait violence à l'intention probable du donateur. Il est, en effet, plus naturel de supposer que celui qui limite sa libéralité à l'un des conjoints, n'a pas la volonté de faire profiter celui qu'il passe sous silence de la moitié des immeubles donnés, ou même éventuellement de la totalité, dans le cas où la femme donataire se trouverait obligée de renoncer à la communauté.

Aussi la pratique ancienne avait déjà protesté contre l'application d'une règle aussi contraire aux principes d'une bonne législation, et la cause, en vertu de laquelle le donateur stipulait que l'immeuble objet de la libéralité resterait propre au donataire, était devenue de style.

45. La disposition de l'art. 1405 s'applique à toute donation pour exclure de la communauté l'immeuble qui en est l'objet. Il importe peu que la donation soit pure ou qu'elle soit accompagnée de charges, avec cette précision toutefois que, si les contractants ont emprunté le nom de donation pour masquer une transmission à titre onéreux, les parties intéressées pourront prouver la fraude et faire ranger l'immeuble parmi les conquêts de communauté. *Sermo rei, non res sermoni subjicitur.* — L'article recevrait même application, dans le cas où la libéralité aurait été voilée sous l'apparence d'un contrat à titre onéreux; car certaines personnes peuvent avoir intérêt à faire apparaître le véritable caractère de l'acte. (*MM. Rodière et Pont*, 1, 472).

46. Nous arrivons à l'une des questions les plus con-

troversées de la matière. Mais avant même d'en donner l'énoncé, il est nécessaire, pour circonscrire le cercle de la difficulté, de séparer du litige les points incontestés.

a. Lorsqu'un immeuble est donné pendant le mariage à un seul des époux, cet immeuble reste propre à l'époux donataire. Nul doute à cet égard ; c'est l'hypothèse que prévoit textuellement l'art. 1405.

b. La donation est faite disjonctivement aux deux époux, c'est-à-dire, avec la désignation de la part que le donateur veut attribuer à chacun. Dans ce cas encore, tout le monde est unanime pour dire que l'immeuble reste propre aux conjoints, à chacun pour la respective dont il a été gratifié. Telle a été évidemment l'intention du disposant, car s'il avait eu la volonté contraire de rendre le bien commun, il était bien inutile qu'il déterminât la part de chaque époux dans l'immeuble donné.

c. Enfin, la donation s'adresse aux deux époux, au mari et à la femme, sans désignation de parts. C'est ici que naît la difficulté, et sur sa solution, les auteurs sont grandement divisés.

l'intérêt de la question est considérable. — 1º Si les biens immobiliers, objets d'une telle donation, tombent en communauté, le mari peut l'aliéner en totalité au même titre que tout bien commun. (C. N., art. 1421). Si au contraire ils restent propres aux époux, ce droit lui serait enlevé, au moins pour la portion qui revient à la femme. (Art. 1428). — 2º En admettant la première solution, la femme renonçante n'aura aucune part de l'immeuble (art. 1492) ; il lui serait permis de reprendre sa portion, si l'on adopte la seconde (art. 1493).

Dans une première opinion, peut-être la plus générale, on soutient que les immeubles, donnés pendant
le mariage aux deux époux conjointement, ne tombent
pas en communauté, à moins que le donateur ne l'ait expressément ordonné, et cela par les raisons suivantes :

D'après l'art. 1402, il suffit aux époux de prouver
qu'ils ont acquis un immeuble à titre de donation, pour
que ce bien leur soit propre ; or, dans l'espèce, l'immeuble a été donné par portion à chaque époux.

L'intention du contractant a été de faire profiter les
deux conjoints du bénéfice de la donation ; or, si l'on
déclare l'immeuble commun, il pourrait se faire que la
donation profitât exclusivement au mari qui peut, par
ses prodigalités, forcer la femme à la renonciation.
(*MM. Bugnet; Rodière et Pont, 1, 471; Toullier; Troplong, 1, 614; Humbert à son cours; Toulouse, 23 août
1827, Sirey, 28, 2, 211*).

Malgré tout le désir que j'aurais de me ranger à l'opinion de mes professeurs, je dois dire, pour obéir à une
conviction à laquelle je ne suis arrivé qu'après de mûres
réflexions, que le sentiment contraire me semble préférable.

D'abord l'argument *a contrario*, que fournit l'article 1405, est, à mon avis, irrésistible. Cet article
déclare propres seulement les immeubles qui ne sont
donnés qu'à l'un des deux époux. Or, dans l'espèce,
l'immeuble a été donné aux deux époux conjointement.
L'hypothèse est donc en dehors du cas précis prévu par
la disposition *exceptionnelle* de l'art. 1405; par conséquent, sous l'application de la règle générale formulée
dans l'art. 1401-3°, qui fait tomber en communauté
tous les immeubles acquis pendant le mariage;

On cherche à briser la force de cet argument en donnant de la rédaction restrictive de l'art. 1405 une explication historique. La Coutume de Paris (art. 246), portait qu'un meuble donné *à l'un des conjoints* tombait en communauté ; les rédacteurs du Code, pour mieux faire sentir l'innovation qu'ils introduisaient, ont emprunté l'expression même de la Coutume, et ils ont dit : l'immeuble qui *n'est donné qu'à l'un des deux époux* reste propre. — Cette raison est loin d'être satisfaisante. La particule *ne...que* devrait, pour que cette explication fût fondée, gouverner, non pas les mots *à l'un des deux époux*, mais bien plutôt ceux qui expriment la direction que doit prendre le bien, la communauté ou le patrimoine personnel des époux.

D'un autre côté, l'argument que nos adversaires fondent sur l'art. 1402, n'est peut-être pas aussi décisif qu'on le dit. Le législateur a eu pour but principal dans cet article de régler une question de preuve, en créant la présomption qui fait réputer communs les biens dont la communauté est en possession le jour de sa dissolution. Ce sont les art. 1404, 1405 et suiv., qui règlent d'une manière précise les différentes causes de propres.

A mon avis, l'art. 1405 a pour objet de trancher une question d'intention, et d'empêcher les procès difficiles que font naître ces questions. On sait que beaucoup de dispositions du Code Napoléon trouvent dans cette idée leur véritable explication.

Quand la donation s'adresse à un seul des conjoints, aucun doute ne peut surgir sur la volonté du disposant ; sa pensée a été de gratifier l'époux donataire à l'exclusion de l'autre ; l'immeuble sera propre. Le

11

doute est au contraire possible quand la donation a été faite conjointement aux deux époux. Le donateur a pu vouloir constituer un propre à chacun d'eux; mais peut-être aussi a-t-il eu l'intention de faire tomber les biens en communauté. Devant une pareille incertitude, les procès sont à craindre. Les rédacteurs, praticiens éclairés, les ont prévenus en décidant la question d'avance en faveur de la communauté; la loi présume que la donation qui s'adresse conjointement à deux époux communs, est faite à la communauté. Que si le disposant a une volonté contraire, il doit la manifester expressément (Marcadé, MM Valette, Aubry et Rau).

§ 4 — *Cession d'immeubles consentie sous certaines conditions par l'ascendant de l'époux cessionnaire.*

47. Cette cause d'acquisition, fondée sur l'art. 1408, peut être renfermée dans la formule suivante : Les im-meubles cédés pendant le mariage à l'un des conjoints par un ascendant, soit à titre de *datio in solutum*, soit à la charge par l'époux cessionnaire de payer les dettes du cédant, restent propres à cet époux.

Hypothèse de la *datio in solutum*. — Un époux est créancier de son mandant; cette créance est tombée en communauté; l'ascendant donne un immeuble en paie-ment. Régulièrement, cet immeuble devrait entrer en communauté; car c'est elle qui en a fourni le prix, puis-qu'il a été acquis en échange d'une créance qui lui ap-partenait; néanmoins, dans le cas spécial où le débi-teur est un ascendant, l'immeuble objet de la *datio* sera propre à l'époux créancier. Seulement, ce dernier devra récompense à la communauté du montant de la créance dont l'extinction a servi de cause à l'acquisition de ce propre (art. 1406 *in fine* et 1437).

Hypothèse de la cession. — L'ascendant d'un époux lui cède pendant le mariage un immeuble, et celui-ci s'engage à payer les dettes du cédant. Ce n'est pas là une donation, même avec charges; c'est une opération à titre intéressé , un contrat innommé, du nombre de ceux que les Romains désignaient par ces mots : *do ut des*. L'immeuble cédé devrait donc tomber en communauté, en vertu de l'article 1401-3°. Mais l'art. 1406 déroge à cette règle quand l'immeuble a été cédé par un ascendant. Remarquons toujours que le conjoint cessionnaire devra indemniser la communauté des sommes qu'il en a tirées pour acquitter les dettes du cédant (art. 1406, *in fine* et 1437).

48. Voici la raison de cette double dérogation. Le Code regarde les conventions dont il vient d'être parlé comme des arrangements de famille, il y voit une succession anticipée plutôt qu'une acquisition à titre intéressé. Effectivement, si ces actes n'avaient pas eu lieu, l'époux aurait trouvé l'immeuble dans la succession de son ascendant, et il lui fût demeuré propre. Le législateur n'a pas voulu mettre obstacle à ces arrangements de famille en laissant sous l'empire des règles générales l'immeuble donné ou cédé.

49. Il faut remarquer que tout autre contrat à titre intéressé que ceux dont parle l'art. 1406 reste soumis aux principes ordinaires, et constitue une cause d'acquisition de biens communs. Mais que décider, si la vente a été faite à fonds perdu ou avec réserve d'usufruit? Le doute pourrait venir de ce que la loi présume alors, dans l'hypothèse spéciale de l'art. 918 du C. Nap., que l'acte n'est qu'une donation déguisée. Bien que le con-

traire ait été soutenu par Toullier, je crois cependant plus juridique de décider que l'immeuble tombera en communauté, parce que les présomptions sont de droit étroit et que celle de l'art. 918, qui milite en faveur des légitimaires, ne saurait, dans le silence de la loi, être étendue en faveur de l'époux contre la communauté.

§ B. — *Subrogation réelle d'un immeuble à un propre mobilier ou immobilier.*

50. La subrogation se produit dans deux circonstances : 1o quand des immeubles sont acquis pendant le mariage *en échange* ; — IIo quand ils le sont *en remploi* d'un propre mobilier ou immobilier.

A. — *Subrogation par emploi ou par remploi.*

51. L'*emploi* est ce fait juridique par lequel un bien, acquis pendant la communauté, vient à titre de propre, tenir lieu de sommes stipulées propres par le contrat de mariage.

Le *remploi* est ce fait juridique par lequel un immeuble dont l'acquisition a lieu pendant la communauté, vient à titre de propre remplacer dans le patrimoine de l'époux un *immeuble* propre aliéné.

Je me contenterai de ces définitions. La matière de l'emploi est assez importante et assez compliquée pour fournir à elle seule le sujet de tout une thèse. J'ai donc dû exclure de la mienne cette cause d'acquisition, tout en la rappelant et en l'expliquant, pour faciliter la suite des idées.

52. B. — *Subrogation par échange* (art. 1407).

L'échange étant une cause d'acquisition à titre intéressé, l'immeuble ainsi acquis devrait tomber en communauté. Mais la justice s'oppose à l'application de l'art. 1401-3°; ce serait enrichir la communauté aux dépens du conjoint à qui appartenait l'immeuble donné en contre-échange. Aussi la loi, modifiant elle-même le principe qu'elle avait posé, a fait de l'échange une cause d'acquisition de propres.

53. Trois cas peuvent se présenter. Le propre aliéné est de même valeur que l'immeuble acquis en échange, ou bien d'une valeur supérieure, ou enfin d'une valeur inférieure.

Nulle difficulté ne s'élève dans les deux premiers cas. Il faut seulement remarquer que, lorsque l'opération donnera lieu à une soulte pour compenser l'infériorité de valeur de l'immeuble acquis en contre-échange, cette soulte sera propre avec le bien acquis, tous deux comme substitués à un propre.

Mais que doit-on décider, dans le cas où le propre aliéné est d'une valeur inférieure à celle de l'immeuble reçu et où l'acte donne ainsi naissance à une soulte payée par l'époux coéchangiste? Cet immeuble sera-t-il propre pour le tout, ou commun pour le tout, ou seulement commun au *prorata* de la somme payée pour la soulte? Chacune de ces solutions a eu ses défenseurs.

L'immeuble est propre pour le tout, a dit Toullier, quelle que soit la valeur de la soulte; il suffit que les parties aient déclaré vouloir faire un échange. Cette opinion a l'avantage d'être conforme au texte rigoureux de la loi, qui ne distingue pas si la soulte est minime ou considérable, et aussi de prévenir les expertises ou les procès auxquels donnera lieu la détermination de la valeur comparative de la soulte donnée et de l'objet acquis. Mais il a le grand inconvénient de permettre aux époux d'éluder l'art. 1401-3°, et de se créer des propres à volonté, en donnant un objet de mince valeur contre un immeuble d'un prix considérable et en qualifiant l'opération du titre d'échange.

D'autres auteurs, argumentant par analogie de l'art. 866 du C. N., distinguent si la soulte est inférieure, égale ou supérieure au propre aliéné. Si la soulte est inférieure ou même égale, le contrat se maintient comme échange; si elle dépasse sa valeur, c'est une vente, et l'immeuble acquis devient commun pour le tout, par application du principe : *major pars trahit ad se minorem*. Cette opinion fait violence à l'intention du conjoint, en déclarant qu'il y a vente pour le tout, alors cependant qu'il a entendu échanger son immeuble.

La généralité des jurisconsultes établissent une double distinction. — Lorsque la soulte donnée est telle qu'on peut la considérer comme l'accessoire du contrat, elle n'altère pas sa nature; et, si les parties l'ont qualifiée d'échange, l'art 1407 s'y applique. — Quand la soulte est assez considérable pour qu'il soit impossible de la regarder comme un simple accessoire, le contrat porte à la fois le caractère de la vente et celui de l'échange, et l'immeuble a par suite une double destination; il reste propre pour une portion correspondante à la valeur du propre aliéné, et pour le surplus il est commun — Enfin, si la soulte a une valeur tellement supérieure à celle du bien échangé qu'il est hors de proportion avec elle, c'est réellement un achat que les parties ont entendu faire sous la fausse qualification d'un contrat d'échange. L'immeuble acquis dans ces conditions tombera en communauté pour le tout, puisqu'il est de principe que l'immeuble obtenu par achat est commun en son entier (art. 1401-3°). L'avantage de cette opinion est d'empêcher la fraude ; mais elle place le sort de l'opération d'une manière trop large sous l'arbitraire du juge (*Marcadé*, *MM. Rodière et Pont, I, 500; Aubry et Rau; Bugnet sur Pothier*).

Le plus simple est peut-être de revenir au sentiment de Pothier (*Comm.*, n° *197*). La soulte, quand elle est peu considérable, n'est que l'accessoire du contrat, et celui-ci n'en reste pas moins un échange. Mais, si elle est assez élevée pour perdre ce caractère d'accessoire, l'opération est en même temps vente et échange, et l'immeuble sera propre et commun dans la mesure d'existence de ces deux contrats. L'arbitraire de la seconde distinction est ainsi évité (*M. Valette, M. Humbert à son cours*).

§ 6. — *Acquisition d'une portion d'immeuble par l'époux ou par le conjoint de l'époux qui avait déjà dans cet immeuble à titre de propre une portion indivise.*

54. Cette cause d'acquisition de propres résulte de l'art. 1408, dont la disposition est fort importante, soit à raison de ses résultats pratiques, soit à cause des difficultés qu'elle soulève en doctrine et en jurisprudence.

Il importe, pour comprendre ce texte, de bien distinguer les deux hypothèses auxquelles il se réfère. Le premier alinéa règle le cas d'acquisition pendant le mariage de la portion d'un immeuble indivis, sur lequel un des époux avait un droit à titre de propre : le second alinéa a trait à l'hypothèse plus particulière où l'acquisition *faite par le mari*, a pour objet une portion ou la totalité d'un immeuble, sur lequel *la femme* avait

un droit indivis à titre de propre. Dans son ensemble,
l'art. 1408 déroge à la disposition de l'art. 1401-3°.
Mais le premier alinéa contient une règle commune aux
deux époux, tandis que le second consacre au profit de
la femme, et dans un cas particulier, un droit exceptionnel connu sous le nom de *Retrait d'indivision*.

1° *Règle du 1er alinéa.*

88. L'origine de la règle qu'il contient se trouve
dans la maxime française du partage déclaratif. Cependant on peut en saisir un germe dans la loi célèbre de
Tryphoninus, *l. Quum in fundo, 78, § Si fundus 1, D.,
de jure dot., 23, 3.*

Le jurisconsulte suppose qu'un mari a reçu en dot
de sa femme une part indivise dans un immeuble. Le
tiers copropriétaire demande le partage par l'action
communi dividundo ; le mari a le droit et le devoir de
se porter adjudicataire, si l'opération est avantageuse.
Supposons donc qu'il ait acquis la part du tiers. Cette
part ne sera pas dotale, et le mari par suite aura le
droit de l'aliéner ; mais, s'il s'en est abstenu, Julien et
Tryphoninus décidaient, par tempérament d'équité et
pour ne pas faire renaître l'indivision, qu'après le divorce la femme aurait la faculté d'exiger la restitution
de la totalité du fonds ou même que le mari pourrait la
forcer à la prendre, à la charge par elle de rembourser
le prix d'achat.

Mais la véritable origine de l'art. 1408-1° est dans la
maxime coutumière qui finit par prévaloir malgré les
efforts et l'autorité de Dumoulin : *le partage des succes-
sions est déclaratif de propriété.* En conséquence lorsque

l'un des conjoints acquérait même par licitation la totalité d'un bien dont il avait la copropriété indivise, ce bien tout entier devenait propre, sauf indemnité due à la communauté pour le prix qu'elle aurait payé aux autres copropriétaires (*arrêts du Parl. de Paris du 22 juin 1660 et 24 mai 1729; Pothier, comm., n° 148 et ss.*)

Le projet primitif se bornait à reproduire cette théorie, et ne parlait que des acquêts résultant d'une licitation de succession. Mais la section de législation du Tribunat le fit étendre à tous les cas de copropriété indivise, héréditaire ou non, et à toute espèce d'acquisition, volontaire ou judiciaire. Effectivement, si l'on analyse le texte de l'art. 1408 1er al., il en ressort cette proposition générale : que si l'un des époux est, à titre de propre, investi d'un droit sur une part indivise d'immeuble, acquise avant ou après la célébration, peu importe, quoi qu'en ait dit Toullier (XII, 189) par inadvertance, l'acquisition, ensuite faite par lui à titre de licitation ou *autrement* d'une portion de cet immeuble et conséquemment de la totalité, forme un propre, par dérogation à l'art. 1401-3°.

55. Ainsi cette disposition ne s'explique pas seulement par le principe de l'art. 883 ; son étendue implique encore un autre motif, et ce motif est le suivant. L'esprit de la loi est d'éviter, autant que possible, que la communauté soit dans l'indivision avec l'un des époux. (*Siméon, Disc. au Corps lég., Locré, XIII, p. 486, n° 22. — Cass. Req., 30 janvier 1850; Sirey, 50, 1, 279.*) Il y aurait là une cause de gêne qui serait de nature à compliquer encore les difficultés de la communauté pendant sa durée ou lors de la liquidation ; il ne faut pas attacher un effet contraire à un acte qui tend

précisément à prévenir les procès en faisant cesser l'indivision. — En outre, l'époux propriétaire trouve un avantage notable à acquérir la totalité du bien. Or *res non sunt amare tractandæ inter conjuges*. Il faut ménager cet intérêt d'affection ou pécuniaire qui est légitime, cette sorte d'attraction naturelle chez le copropriétaire. Qu'importe à la communauté qu'elle ait fourni l'argent? Il lui sera rendu à la dissolution. (*M. Humbert à son cours.*)

88. Après avoir mis en lumière le double motif sur lequel est fondée la première disposition de l'art. 1408, c'est-à-dire l'effet déclaratif du partage, les inconvénients de l'état d'indivision, il faut en déduire toutes les conséquences.

a. — En vertu des art. 883 et 1408, al. 1, un immeuble sera propre, quoiqu'acquis par un des époux pendant la communauté, toutes les fois qu'il l'aura été par suite d'un partage, d'une licitation ou de tout autre acte à titre intéressé qui fait cesser l'indivision de succession. — L'article s'appliquerait aussi selon nous, bien que cette opinion soit combattue, à l'acquisition de droits successifs, quant aux immeubles qui s'y trouveraient compris, sauf ventilation pour fixer la récompense (*Bourges, 20 août 1855, Sir., 57, 2. 268 — Contra Req. rej., 25 juillet 1844, Sirey, 44, 1, 614*).

b. — La même solution doit être admise pour l'immeuble faisant partie d'une société dissoute lors de la communauté (C. N., art. 1872 et 883 comb.), et aussi pour l'immeuble indivis avec les ayant-cause d'un conjoint précédent commun en biens (C. N., art. 1470.)

c. — Le principe de l'art. 1408, 1er al., recevrait encore application dans l'hypothèse d'un simple achat

de portions qui, pour le moment, ne mettrait pas fin
à l'indivision, car cet acte en prépare la cessation ;
et d'un autre côté l'hypothèse rentre dans les
termes de l'article. (*Marcadé. MM. Aubry et Rau, Humbert à son cours ; — Orléans, 13 août 1856, Sir., 56, 2,
646 ; Req. rej., 30 janvier 1850, Sir., 50, 1, 279*)
L'opinion contraire, qui a pour elle l'assentiment de
très-graves jurisconsultes et l'autorité de quelques arrêts, provient de ce que les auteurs qui l'adoptent
ne voient dans le premier alinéa de l'art. 1408 qu'une
conséquence du principe de l'effet déclaratif du partage:
ce qui est peut-être un peu trop exclusif, comme nous
l'avons prouvé plus haut (*Rev. crit., t. 1, p. 203, et t. 2,
pag. 513, article de M. Pont.*)

d. — Il faudrait en dire autant, à cause de la généralité du texte, de l'acquisition de la portion d'un tiers
dans l'immeuble qu'un époux, avant son mariage, avait
acheté de concert avec ce tiers, bien que cette copropriété ne soit pas régie par l'art. 883.

e. — On admet généralement aujourd'hui que le bien,
acquis sur saisie par le conjoint communiste est également un propre ; car la saisie n'a pas eu pour conséquence d'enlever à cet époux la propriété de sa part
indivise ; l'adjudication ne fait, pour la portion qui lui
revient, que confirmer son titre. Le cas rentre donc dans
l'article.

f. — Il ne s'applique pas, au contraire, quand la
part acquise pendant le mariage l'a été à titre gratuit.
Le texte suppose un prix à rembourser. Si l'acte s'adresse
à l'un ou à l'autre des conjoints, la portion, objet de la
libéralité, constitue un propre, mais en vertu des articles 1402 et 1405, et non par application de l'art. 1408,

1er al.; et la donation est faite aux deux époux conjointement, la part donnée forme un conquêt (art. 1405) : sauf dans les deux cas la déclaration d'une volonté opposée émanant du disposant, *unicuique liberalitati suæ legem dicere licet*. Déclaration qui ne pourrait valablement se produire, si l'hypothèse était régie par l'art. 1408, 1er al., parce que cette disposition, étant d'ordre public, n'admet point de stipulation dérogatoire dans l'acte d'acquisition, soit de la part des époux, soit du côté des tiers.

57. Nous avons dit que ce principe était commun aux deux époux. Ainsi, que le mari copropriétaire ait acquis seul ou par l'intermédiaire de sa femme choisie pour mandataire, le bien sera propre. — Il en sera de même pour la femme copropriétaire, il importe peu aussi qu'elle ait agi avec l'autorisation maritale ou, à son défaut, de justice, ou en donnant mandat à son mari. — Si les deux époux ont concouru à l'acte en achetant conjointement, le même effet juridique se produira comme le disait Pothier. Car, si c'est l'époux qui est copropriétaire, il a fait intervenir la femme pour donner une garantie au vendeur, envers qui elle répondra personnellement du prix de vente (souvent même en pratique, on exigera son engagement solidaire). Si c'est la femme qui est communiste, la présence du mari s'explique, et par l'intérêt de la communauté qui est usufruitière des propres, et par la nécessité de l'autorisation (*M. Humbert à son cours*).

II. *Second alinéa : retrait d'indivision.*

58. Le second alinéa de l'art. 1408 offre une faveur

particulière à la femme dans un cas spécial. Le législateur suppose que celle-ci ayant un droit indivis en propre sur un immeuble, le mari l'a acquis à son profit, en tout ou en partie, et il permet à la femme d'opter à la dissolution pour le maintien de l'acte au profit de la communauté, ou de retirer l'immeuble d'indivision en le considérant comme propre. C'est donc avec juste raison que Toullier a, le premier, donné à l'exercice de cette faculté le nom de *retrait d'indivision*; car il a pour conséquence de donner à la femme un propre *in totum* à la place d'un propre indivis.

Ce sujet donnant lieu à beaucoup de développements et à d'assez nombreuses difficultés, nous diviserons son explication en plusieurs paragraphes séparés.

A. — *Origine du retrait d'indivision.*

50. Il ne faut pas chercher l'origine du retrait d'indivision dans le fragment de Tryphoninus relatif à la dot, qui a été plus haut expliqué. Cette loi, en effet, refuse l'option à la femme, qui est obligée de reprendre l'immeuble entier, à la charge de rembourser à son mari le prix qu'il a payé, quelque désastreuse que soit l'opération.

Cette institution existait plutôt en germe dans le droit coutumier, mais ce n'est que du Code Napoléon qu'il a reçu son complet et véritable développement.

Pothier (*Comm.*, n° 181) n'accordait à la femme que le bénéfice d'une simple présomption *juris tantum*, d'après laquelle le mari acquéreur était, même s'il n'avait pas déclaré sa qualité de mari, supposé avoir acquis au nom de la femme. Cette présomption tombait, s'il avait dé-

claré agir au nom de la communauté, et le bien constituait un conquêt.

En outre, dans le cas où le mari n'avait pas acquis
pour la communauté, il était en droit de forcer la femme
à prendre le tout suivant Lebrun (*l. I, ch. 5, dist. 5,
n° 12*), et Cochin (*Œuvres, t. 5, p. 231*). Ce système
de législation présentait un danger; il pouvait arriver
que le mari, par collusion ou autrement, se rendît
adjudicataire pour attribuer à sa femme des biens de
peu de valeur à un prix exorbitant, et fît ainsi tourner
contre elle le bénéfice de la loi. Ces inconvénients, résultant d'une appropriation inévitable, s'étaient bien
présentés à l'esprit des anciens jurisconsultes. « Mais on
» ne peut supposer, disait Cochin, qu'il achète trop
» cher, car il commencerait par se faire tort à lui-même
» en se privant des intérêts d'une forte somme. » —
« D'ailleurs, ajoute Lebrun, la raison est qu'elle a dû
» être partie dans cette licitation, qui est toujours ré-
» putée nécessaire, à cause des incommodités de l'in-
» division. Du reste, elle possédait une part indivise,
» susceptible par conséquent de cet accroissement forcé
» qui arrive par l'événement d'une licitation. »

Bourjon toutefois, frappé de ces inconvénients, reconnaissait à la femme un moyen d'échapper au remboursement d'un prix trop élevé, c'était de renoncer à
la communauté (*Commun., 2° partie*). Mais là s'arrêta
le développement de l'institution sous l'ancienne jurisprudence.

Elle est de droit nouveau, elle a été pour ainsi dire
fondée par les rédacteurs du Code Napoléon; mais son
introduction dans la loi moderne fut assez pénible,
comme l'atteste la discussion dans le Corps législatif de
l'art. 1408. — La rédaction primitive de cet article re-

produisait la règle ancienne : que le mari est toujours réputé agir au nom de la femme ; toutefois elle donnait à celui-ci un moyen de rester étranger, *comme mari*, à la licitation ; il n'avait qu'à refuser à sa femme son autorisation. Alors, s'il se rendait adjudicataire, on devait reconnaître que c'était pour lui, et le bien tombait en communauté.

On employait ainsi une voie détournée pour éviter que la femme eût un propre malgré elle. C'était déjà un progrès ; mais l'institution n'était pas complète. Enfin Tronchet fit admettre l'option pour la femme de prendre le bien ou de le laisser à la communauté, et le retrait d'indivision fut fondé. Il est basé tout entier sur cette idée : que le mari, protecteur naturel de la femme, ne doit pas abuser de son influence pour procurer à la communauté le bénéfice d'une acquisition avantageuse qu'offre à la femme l'art. 1408, 1er al. (*Babinet, Rev., de dr. fr. et étr., 1845*).

B. — *Cas d'application.*

60 Toutes les conditions nécessaires à l'exercice du droit d'option accordé à la femme, se résument dans cette formule : *Toutes les fois que l'acquisition porte sur un immeuble indivis, qu'elle a lieu à titre intéressé, et qu'elle est l'œuvre non de la femme, mais du mari, il y a lieu au retrait d'indivision.*

Par conséquent trois conditions doivent être réunies pour son exercice.

61 *Première condition.* — Il faut que l'acquisition ait porté sur tout ou partie d'un immeuble indivis. Est-il légitime d'en conclure que la disposition de la loi ne

sera pas applicable, si le mari a fait l'acquisition de droits successifs dans une succession mobilière et immobilière à laquelle la femme était appelée ? Je ne le pense pas ; car l'hypothèse rentre tout-à-fait dans l'économie de l'article , et aussi dans son texte ; car le mot *immeuble* n'y a pas été pris pour désigner un corps certain, mais bien par opposition du terme *meuble*, le législateur s'occupant des causes d'acquisition de propres immobiliers (*M. Humbert à son cours*).

62. *Seconde condition.* —L'acquisition doit être à titre intéressé. — L'art. 1408 oblige la femme, dans le cas où elle veut retirer l'immeuble acquis par le mari , à restituer le prix à la communauté. Or dans un acte à titre gratuit, il n'y a pas de prix, et par suite une condition de l'exercice du retrait, manque absolument. La donation est d'ailleurs essentiellement personnelle au donataire, et il n'y a pas à craindre d'abus de pouvoir de la part du mari. Lui seul serait susceptible d'être lésé, si la femme pouvait exercer le retrait.

63 *Troisième condition.* — Il faut que l'acquisition ait été faite au nom du mari ou de la communauté.

Lorsque le mari a agi en vertu du mandat de la femme, ou bien lorsqu'il était copropriétaire avec elle de l'immeuble indivis dont il a acquis une portion, cette portion reste propre, dans le premier cas à la femme, dans le second au mari, en vertu de l'art. 1408, 1er al. Mais, dans toute autre hypothèse, il y a présomption de fraude , et la loi en défiance permet à la femme d'attendre jusqu'à la dissolution pour se décider. Si elle trouve l'acquisition mauvaise , elle la laisse à la communauté ; si elle la trouve bonne, elle se l'approprie, comme si le mari avait été son gérant d'affaires.

Ce droit d'option existerait pareillement dans le cas
où la femme aurait acquis sur le mandat du mari, dans
celui encore où le mari aurait agi avec le concours de
son épouse, parce qu'il y a pu avoir abus de l'influence
maritale.

64. *Quid juris*, si le mari s'était rendu acquéreur au
nom de la femme, mais sans mandat de celle-ci, et
comme se portant fort pour elle. M. Troplong (*Contr.
de mar.*, *n*os *670 et ss.*), en se fondant sur la lettre de
l'article, refuse l'option à la femme. C'est là évidemment
une inadvertance, comme le font remarquer MM. Aubry
et Rau. Car, de droit commun , le maître a la faculté
de ratifier ou non l'acte de celui qui s'est porté fort. Il
faut au contraire argumenter de l'article *a fortiori*, puisqu'il laisse l'option à la femme, lors même que le mari
a déclaré agir en son nom propre ou pour la communauté. On peut aussi argumenter en ce sens de l'art.
1436 du C. N.

65. Faut-il appliquer l'art. 1408, 2e al., au cas où
le mari, sur licitation ou à l'amiable, a acquis seulement la portion d'un tiers copropriétaire, et non celle
de la femme ? Les termes de la loi sont généraux, et
son esprit est d'assurer à l'épouse par le droit de retrait
le bénéfice à elle offert par l'art. 1408, 1er al. ; elle
peut donc s'approprier la portion acquise, sauf remboursement. Si elle maintient l'acte, elle n'a rien à réclamer,
puisque sa propre part indivise est restée invendue.

C. — *Qui peut retraire?*

66. Bien que le texte ne parle que de la femme, il
faut évidemment, quoiqu'on en ait douté, étendre ce
droit à ses héritiers (*C. N.*, art. *1491*).

12

sera pas applicable, si le mari a fait l'acquisition de
droits successifs dans une succession mobilière et immobilière à laquelle la femme était appelée ? Je ne le
pense pas ; car l'hypothèse rentre tout-a-fait dans l'éco-
mie de l'article , et aussi dans son texte ; car le mot
immeuble n'y a pas été pris pour désigner un corps
certain, mais bien par opposition au terme *meuble*, le
législateur s'occupant des causes d'acquisition de propres immobiliers (*M. Humbert à son cours*).

62. *Seconde condition.* — L'acquisition doit être à titre
intéressé. — L'art. 1408 oblige la femme, dans le cas
où elle veut retirer l'immeuble acquis par le mari , à
restituer le prix à la communauté. Or dans un acte à
titre gratuit, il n'y a pas de prix, et par suite une condition de l'exercice du retrait manque absolument. La
donation est d'ailleurs essentiellement personnelle au
donataire, et il n'y a pas à craindre d'abus de pouvoir
de la part du mari. Lui seul serait susceptible d'être
lésé, si la femme pouvait exercer le retrait.

63 *Troisième condition.* — Il faut que l'acquisition
ait été faite au nom du mari ou de la communauté.

Lorsque le mari a agi en vertu du mandat de la
femme, ou bien lorsqu'il était copropriétaire avec elle de
l'immeuble indivis dont il a acquis une portion, cette
portion reste propre, dans le premier cas à la femme,
dans le second au mari, en vertu de l'art. 1408, 1er al.
Mais, dans toute autre hypothèse, il y a présomption
de fraude , et la loi en défiance permet à la femme
d'attendre jusqu'à la dissolution pour se décider. Si
elle trouve l'acquisition mauvaise , elle la laisse à la
communauté ; si elle la trouve bonne, elle se l'approprie, comme si le mari avait été son gérant d'affaires.

solution, et aussi sur la crainte de l'influence maritale qui sert de base à cet article et aux art. 2253 et 2256 (*MM. Rodière et Pont, I, 495; Odier, Marcadé*).

Cependant des auteurs distingués et un arrêt de la Cour de Lyon du 20 juillet 1843 admettent l'affirmative. Suivant eux, les termes du texte signifient seulement que la femme ne peut être forcée d'opter avant la dissolution, mais n'excluent pas l'option volontaire. La présomption d'influence du mari est contraire à l'esprit du régime de la communauté, sous lequel la femme autorisée peut s'obliger envers les tiers pour le mari, et renoncer au profit des tiers à son hypothèque légale, aliéner ses propres, etc. D'ailleurs l'art. 1435 lui permet d'accepter le remploi offert par son mari ou de le répudier (*MM. Aubry et Rau; Babinet, op. cit.*).

Nous proposerons avec MM. Valette et Humbert un système mixte qui nous paraît plus équitable et plus conforme à l'esprit de l'art. 1408. Nous sommes dans un cas où le législateur se défie du mari qui a commencé par faire un acte suspect d'indélicatesse en agissant à son profit, parce que l'affaire était bonne. Il est à craindre que le mari ne veuille s'attribuer le bénéfice résultant de l'acquisition; dès lors il y a une raison spéciale pour ne pas permettre à la femme, pendant la durée du régime, d'abandonner le bien à la communauté purement et simplement. C'est notre réponse à l'argument tiré de l'art. 1435 qui laisse à la femme la faculté de répudier de suite ou non l'offre de propre. — Mais si la femme veut exercer le retrait à son profit sans craindre le ressentiment du mari, pourquoi perdrait-elle le droit que lui donnait l'art. 1408, 1er al.; il n'y a aucune raison de le décider ainsi. Le fait que le mari a cherché à la prévenir ne rend que plus favorable le retour au droit commun. Elle est donc fondée à reprendre le bien comme propre pendant la durée du régime, si elle en a le courage.

70. Du reste comme la femme a le droit d'aliéner même ses propres, toutes les fois qu'elle aura consenti à l'aliénation ou à l'hypothèque du bien indivis au profit des tiers, elle ne pourra plus *a fortiori* exercer le retrait, si elle ne l'avait pas fait auparavant. Car il est contraire à la raison qu'elle ait plus de droit en cas d'aliénation d'un propre conditionnel que dans l'hypothèse où elle aurait aliéné un propre actuel.

Seconde question. — Quand se ferme le droit d'option?

71. Cette question ne peut se poser que pour l'époque qui suit la disolution de la communauté. Il faut distinguer. La femme a-t-elle accepté? de toute nécessité, elle manifestera son choix lors du partage. Au contraire a-t-elle renoncé, alors apparaît une sous distinction. — Si les héritiers du mari demandent que la femme se prononce, celle-ci, mise en demeure, doit opter de suite avant la fin de la liquidation, ou du moins les tribunaux lui fixeront un délai. Mais si les héritiers du mari de leur côté, et la femme du sien restent tous dans l'inaction, sans demander ni les uns ni les autres la liquidation de leurs droits, alors la faculté d'option, accordée à la femme, subsistera pendant 30 ans (C. N., art. 2262).

E. — *Effets de l'exercice du droit d'option.*

72. Trois cas sont à considérer : — 1° la femme

s'approprie l'acquisition faite par le mari ; — IIᵒ elle l'a-
bandonne à la communauté ; — IIIᵒ elle renonce à son
droit d'option.

73. *Premier cas.* — La femme exerce le retrait d'indivision ; en autres termes, elle opte pour l'appropriation de l'immeuble acquis par le mari. Dans cette hypothèse, celui-ci doit être considéré comme un gérant
d'affaires, qui se trouve avoir agi dans les intérêts de
la femme.

Mais ici se présentent à résoudre plusieurs questions
controversées.

74. *a.* — Si le mari a aliéné ou hypothéqué l'immeuble sans le concours de la femme, quel est le sort
de ces actes ? — Ceci nous conduit à rechercher si l'immeuble, avant l'option, est provisoirement conquêt ou
propre.

Suivant MM. Troplong et Babinet, il est propre en
vertu de l'art. 1408, 1ᵉʳ al., à l'époux copropriétaire
et par application de l'ancien droit, qui réputait le mari
acquéreur mandataire de sa femme. — Suivant la plupart des auteurs, au contraire, il est conquêt en vertu
de l'art. 1401-3ᵒ, et cette opinion est sans contredit la
plus logique, parce que le fait prévu n'est pas régi par
l'art. 1408, 1ᵉʳ al.

La question est à peu près oiseuse, à cause de la ré-
troactivité attachée à l'option de la femme. En effet,
prend-elle le bien pour propre, il est censé lui avoir
toujours appartenu; dès lors les droits réels consentis
par le mari seul tombent rétroactivement (C. N., *art.*
2125, 2182). Au contraire, abandonne-t-elle le bien à
la communauté, celle-ci est réputée en avoir été propriétaire *ab initio*. Il faut dire par conséquent qu'avant

l'option, la propriété du bien est *in pendenti* (*MM. Rodière et Pont, I, 496; Aubry et Rau, Humbert à son
cours*).

75. *b.* — La femme exerçant le retrait, doit indemniser la communauté de sa dette envers les autres copropriétaires ; mais devient-elle débitrice personnelle de
ceux-ci ?

La jurisprudence décide la négative (*Civ. cass.,
14 novembre 1854; Riom, 4 juin 1857, Sir., 57, 2,
699*). Cette opinion est fondée sur ce que la loi ne présente aucun texte qui subroge la femme aux obligations
de la communauté ou du mari ; pour que ce résultat se
produisît, il aurait fallu faire intervenir la femme. Seulement les créanciers peuvent agir contr'elle en vertu
de l'art. 1166, c'est-à-dire par action oblique. Ils ont
d'ailleurs leur privilége (*C. N. art. 2103*) et l'action en
résolution (art. 1184).

En sens inverse, on pourrait dire cependant que la
femme, en retrayant, ratifie l'obligation contractée par
le mari à l'égard des créanciers, et s'approprie l'opération. La loi assimile le mari à un *porte-fort* ou à un gérant d'affaires qui a bien administré.

Le maître est tenu, par cela seul que la gestion a été
utile (art. 1375) ; *a fortiori*, s'il ratifie. *Ratihabitio
mandato æquiparatur* (*M. Humbert à son cours.*)

76. *c.* — Examinons maintenant si la prescription
peut courir au profit des tiers acquéreurs de l'immeuble
au cas de l'art. 1408, 2º al., contre la femme qui veut
exercer le retrait et qui n'a pas pris part à l'aliénation ?

La prescription ne peut pas courir avant la dissolution de la communauté, dit-on dans une première opinion, et à son soutien on invoque :

1° L'art. 2257 qui ne permet pas de prescrire contre un droit conditionnel. — Mais il faut remarquer que cet article ne s'applique qu'aux créances et non pas aux possesseurs de droits réels, lesquels possèdent *erga omnes*.

11° On a dit encore que la prescription serait suspendue en vertu de l'art. 2256 1er al. du C. Nap. Mais c'est à tort, et en effet, comme il s'agit du droit de considérer un bien comme propre, ce droit est indépendant pour la femme de la répudiation ou de l'acceptation de la communauté (C. N., art. 1493). C'est une cause de propre qui lui est offerte.

Cependant si l'aliénation avait été faite à titre intéressé et qu'il n'y ait pas exclusion complète de toute garantie (C. N., art. 1620), alors la prescription serait suspendue pendant le mariage, parce que la revendication, intentée par la femme contre les tiers, réagirait contre le mari (C. N., art. 2256, 2e al.) Il en serait autrement, si le mari avait vendu aux risques et périls de l'acheteur ; alors celui-ci prescrirait immédiatement contre la femme.

Quid juris, si le mari a fait du bien l'objet d'une donation ? Il semble que le résultat devrait être le même que dans l'hypothèse précédente. Néanmoins je crois avec M. Humbert que la combinaison des principes amène la suspension de la prescription jusqu'à la dissolution de la communauté, mais non pas nécessairement jusqu'à celle du mariage. — En effet la validité de la donation elle-même, en considérant l'immeuble comme conquêt, dépend, si elle est faite à un tiers, de l'option de la femme sur l'acceptation de la communauté. La femme dira : « En supposant que je n'opte pas pour l'abandon, j'ai un droit sur l'immeuble commun; c'est même là le *statu quo*. Le titre du donataire est fragile, et dépend de l'acceptation d'abord et du partage ensuite ; il ne peut donc prescrire à ce point de vue contre mon droit d'invoquer la nullité de la donation en acceptant (*C. N.*, art. 1422 et 2256 comb.)

77. *Second cas.* — La femme n'exerce pas le retrait.

Quand la femme abandonne l'acquisition à la communauté, elle a droit à sa portion du prix de l'immeuble, si le mari s'est rendu acquéreur de la totalité. Elle ne peut dans ce cas retenir la part qu'elle avait à titre de propre dans l'immeuble indivis.

Si l'acquisition du mari n'a porté que sur une portion du bien, la femme demeure alors dans son état antérieur d'indivision, et aucun prix ne lui est dû ; elle n'a fait que changer de copropriétaire. — Certains auteurs (*Duranton, XIV*, n° 206) ont pensé, par application de la loi de Tryphoninus, au titre *de jure dot.* et de l'ancien droit, que la femme pouvait dans ce dernier cas forcer le mari à prendre la totalité du bien. Ils se fondent sur les mots : *abandonner l'effet ou retirer l'immeuble*, pour dire que son option doit porter sur l'immeuble entier. Mais c'est argumenter d'une rédaction incomplète pour introduire une dérogation grave au droit commun. La femme ne peut forcer la communauté à acheter sa part ; aussi doit-on décider qu'elle n'a le droit d'abandonner que ce qui a été acheté par son mari.

78. *Troisième cas.* — La femme renonce à son droit d'option.

Le 2° al. de l'art. 1408 ayant pour but d'organiser ce droit d'option, si la femme y renonce, la situation doit être réglée , comme si cette disposition n'existait pas.

Quelle en sera la conséquence ? Marcadé distingue.

Si l'acquisition du mari a porté sur une portion du bien seulement, cette portion vient forcément, nonobstant toutes stipulations contraires des parties, se réunir à la portion qu'avait déjà la femme à titre de propre dans l'immeuble indivis. — Si c'est, au contraire, la totalité de l'immeuble qui a été acquise par le mari, on est régi par l'art. 1401-3°, et le bien constitue un conquêt.

Cette distinction n'est qu'un résultat forcé de la confusion que, selon nous, a faite ce jurisconsulte, pourtant si exact, entre les deux hypothèses réglées par les deux alinéas de l'article. Il est vrai de dire que, dans tout cas, la portion ou la totalité de l'immeuble acquise par le mari, constituera un bien commun. Du moment qu'on sort de la sphère d'application de l'art. 1408-2ᵉ al. , on retombe sous l'empire du droit commun.

F. — *A quels régimes nuptiaux s'applique l'art. 1408, 2ᵉ al. ?*

70. Cet article se trouve écrit dans la matière du régime de la communauté. De là est née la question de savoir si l'exercice du retrait d'indivision était incompatible avec les autres régimes matrimoniaux consacrés par le Code Napoléon. On suppose par exemple que le mari, sous le régime dotal ou celui d'exclusion de la communauté, s'est rendu acquéreur de la totalité ou d'une partie seulement d'un immeuble indivis , sur lequel la femme avait un droit à titre de propre ; et

l'on se demande si celle-ci aura la faculté ou de laisser l'opération pour le compte du mari, ou bien de retirer l'immeuble en lui conférant la qualité de propre ou de bien dotal ou de bien paraphernal, suivant les cas et les régimes.

Les auteurs (*Babinet, op. cit.*) et les arrêts (*Limoges*, 23 *décembre 1840*) sont allés jusqu'à reconnaître à la femme ce droit d'option. L'abus de la puissance maritala, dit-on, est aussi à craindre sous le régime dotal que sous celui de la communauté ; or, puisque le danger est le même, la protection doit être aussi la même.— Je crois néanmoins que cette opinion n'est pas à l'abri de toute critique. Je ne nie pas que la dépendance de la femme, sous tous les régimes, ne soit de nature à favoriser les abus de pouvoir de la part du mari ; mais la disposition du 2e al. de l'art. 1408, en permettant à la femme de s'emparer du bien que le mari avait acquis dans son intérêt exclusif, constitue une règle exceptionnelle, qu'on ne saurait appliquer en dehors du cas précis, pour lequel le législateur l'a écrite.

Quant à la règle contenue dans le premier alinéa, elle peut au contraire être étendue aux autres régimes, au moins en tant qu'elle applique l'art. 883 ; car alors elle ne déroge pas au droit commun (*M. Humbert à son cours*).

§ 7. — *Accession.*

80. Il y a cause d'acquisition d'un propre *par accession*, quand l'objet acquis devient une partie tellement intégrante et inséparable du propre de l'époux, qu'il par-

ticipe de sa nature par la force même des choses, et se trouve dès lors propre comme et avec lui, sans qu'il soit besoin d'une disposition spéciale de la loi à cet égard. L'alluvion qui, pendant le mariage, a augmenté le fonds d'un des époux, les constructions ou plantations élevées sur un terrain lui appartenant, le repeuplement de colombier, de garenne ou d'étang, sont propres à cet époux, sauf récompense à la communauté, quand des valeurs en ont été tirées pour l'acquisition du propre (*C. N.*, art. 552-561).

Il en sera de même, dans le cas d'acquisition d'un droit réel immobilier accessoire à l'immeuble de l'un des conjoints, comme une mitoyenneté ou une servitude prédiale.

Au contraire la même solution doit être repoussée dans le cas où un époux aurait réuni une pièce de terrain à son propre en formant du tout un seul enclos. L'objection qu'on puiserait contre cette proposition dans l'art. 1019 du C. N. ne serait pas pertinente ; la question d'intention, qui se présente à régler en matière de legs, n'existe pas dans notre espèce ; car si le testateur peut léguer ce qu'il veut, les époux au contraire n'ont pas le droit de se créer des propres à volonté (*C. N.*, art. 1595).

Il faudrait aussi regarder comme un conquêt l'usufruit que la communauté aurait acheté d'un tiers, par la raison que la loi n'offre aucune disposition qui érige en cause d'acquisition de propre l'achat d'un usufruit ayant pour assiette l'immeuble d'un époux marié sous le régime de la communauté légale (*MM. Rodière et Pont*, 1, 412).

TABLE.

—

DROIT ROMAIN.

De l'action Communi dividundo.

Numéros.

Chapitre I. — Notion générale de l'action *comm. div.*, et détermination précise de sa sphère d'application. 1
    A. Ses différences avec l'action *fam. erc.*. . 3
    B.   —   .avec l'action *pro socio.* 4

Chapitre II. — Nature et divers caractères de l'action *comm. div.*.
    Section I. — Sa nature. 6
    Section II. — Ses caractères. 10

Chapitre III. — Du sujet actif de l'action *comm. div.* . 28

Chapitre IV. — De l'objet de l'action *comm. div.* . . 37
    Iº *Res.* 38
    IIº *Præstationes.* 47

Chapitre V. — Des effets de l'action *comm. div.*. . . 62
    Section I. — Des opérations du partage. . . 66
    Section II. — Des effets du partage. 74

Chapitre VI. — Des fins de non-recevoir contre l'action *comm. div.* 80

DROIT FRANÇAIS.

Des propres des époux sous la communauté légale, considérés au point de vue de leurs causes d'acquisition.

Première partie. — Ancien Droit Français. 1

Seconde partie. — Droit actuel. 14

Section I. — Des causes d'acquisition des propres mobiliers.   16
  § 1. — Clause formelle insérée dans une disposition
            à titre gratuit.   17
  § 2. — Détachement d'un propre, de produits dont la
            nature est exclusive du caractère de fruits.   19
  § 3. — Caractère incessible du meuble.   21
  § 4. — Subrogation réelle d'un meuble à un propre.   22
  § 5. — Volonté de la loi.   27
Section II. — Des causes d'acquisition des propres immo-
            biliers.   28
  § 1. — Propriété ou possession légale d'un immeuble
            avant la célébration du mariage. . . .   29
  § 2. — Acquisition d'un immeuble pendant le ma-
            riage à titre de succession.   42
  § 3. — Acquisition d'un immeuble à titre de donation.   44
  § 4. — Cession d'immeubles consentie par l'ascendant
            de l'époux cessionnaire.   47
  § 5. — Subrogation réelle d'un immeuble. . . .   50
  § 6. — Réunion d'une portion d'immeuble à la partie
            indivise, qu'avait déjà dans cet immeuble à
            titre de propre l'un des époux.   54
  § 7. — Accession.   80

POSITIONS.

DROIT ROMAIN.

— Le pupille qui a *aliquem intellectum* et qui promet sans l'autorisation de son tuteur, s'oblige naturellement.

— La compensation *ex dispari causâ* ne doit pas être rangée parmi les modes d'extinction de l'obligation naturelle.

— Comment l'interdit *de clandestina possessione* disparut-il de la législation romaine dès les temps classiques ?

— Le créancier d'une dette indivisible, portant sur l'exécution d'un *opus,* a le droit d'exiger d'un seul des codébiteurs l'exécution de la dette entière. — *Nec obstat l. Stipulationes 72, pr., de V. O., 45, 1.*

— Le mariage, en Droit Romain, se contracte *solo consensu.*

— Dans quel sens les actions divisoires ont-elles été appelées *mixtes ?*

ANCIEN DROIT FRANÇAIS.

— Le retrait d'indivision tire son origine du droit coutumier, en observant toutefois qu'il n'y existait qu'en germe.

— Ces deux règles relatives aux propres : *Paterna paternis, materna maternis,* et *Propres ne remontent point,* viennent du droit féodal.

Code Napoléon

— L'acte qui constate une convention unilatérale est valable, quoiqu'il n'énonce pas la cause finale de l'obligation.

— 192 —

— Quand un meuble, corps certain et déterminé, a été aliéné successivement à deux personnes différentes, et que le second acquéreur, supposé de bonne foi, a été mis en possession, le droit de propriété, qui appartient à ce dernier, aux termes de l'article 1141 du C. Nap., est la conséquence de la prescription instantanée organisée par l'art. 2279, et n'a pas sa source dans le fait de la tradition réelle considérée comme mode d'acquisition à l'égard des tiers.

— Pour concilier l'art. 692 avec l'art. 694 du C. N., il faut dire que le législateur, dans l'art. 692, suppose que l'acte de séparation des deux fonds n'est pas représenté, qu'il suppose, au contraire, sa production dans l'art. 694.

— La revendication organisée par l'art. 2102-4° du C. N., en faveur du vendeur d'effets mobiliers non payés, constitue une action *sui generis, une revendication du droit de rétention*

Code de Procédure civile.

— L'action possessoire en réintégrande est soumise aux conditions d'exercice des autres actions possessoires.

— Lorsqu'un jugement par défaut faute de comparaître a été rendu contre *tous* les codébiteurs solidaires, l'exécution de ce jugement, qui est faite contre *un seul* de ces débiteurs, empêche vis-à-vis de tous les autres la péremption de six mois, organisée par l'art. 156 du C. P. C..

— La signification, faite postérieurement à une saisie-arrêt intervenue sur la créance cédée, ne vaut pas même comme opposition.

— Paul est créancier de Pierre pour 5,000 fr.; *Primus*, créancier de Paul pour 1,500 f., saisit cette créance entre les mains de Pierre, débiteur de Paul. *Secundus*, qui s'était fait céder la créance de Paul contre Pierre, antérieurement à la saisie-arrêt, mais qui ne l'a signifiée que postérieurement, se présente comme cessionnaire de cette même créance. *Tertius*, également créancier pour 1,500 fr. de Paul, forme une opposition tardive, c'est-à-dire postérieure à la signification de la cession faite par Se-

cundus. Comment régler les droits du premier saisissant, du cessionnaire et des opposants ? *Primus* sera colloqué pour tout le montant de sa créance propre; *Secundus* prendra le surplus de la créance cédée, et *Tertius* sera ainsi complétement exclu.

Droit criminel.

— La chose jugée au criminel a influence sur la chose jugée au civil.

— La peine de la déportation dans une enceinte fortifiée doit aujourd'hui remplacer celle des travaux forcés à perpétuité, prononcée par l'art. 56 du Code Pénal.

Droit commercial.

—En cas de faillite du tiré, la provision appartient au porteur.

— Le billet à domicile, pourvu qu'il ait une cause commerciale, vaut comme lettre de change.

Droit administratif.

—Le lit des rivières non navigables ni flottables sont des choses communes qui n'appartiennent à personne et dont le lit est commun à tous, aux termes de l'art. 714 du C. Nap.

— Le ministre constitue le tribunal administratif ordinaire.

Vu par le Président de la thèse,
        A. RODIÈRE.

Vu par le Doyen de la Faculté,
    CHAUVEAU-ADOLPHE.

            Vu et permis d'imprimer :
            Le Recteur,
                ROUSTAN.

Cette Thèse, par suite d'une modification, sera soutenue le mercredi 20 décembre 1865, à 2 heures.

www.ingramcontent.com/pod-product-compliance
Lightning Source LLC
Chambersburg PA
CBHW060545210326
41519CB00014B/3355